»... in der Entscheidung gibt es keine Umwege«

Wir danken der
Max-Traeger-Stiftung
in Frankfurt
für die Unterstützung
dieser Publikation

Ullrich Amlung

»... in der Entscheidung gibt es keine Umwege«

Adolf Reichwein 1898-1944 -
Reformpädagoge, Sozialist,
Widerstandskämpfer

Die Deutsche Bibliothek – CIP- Einheitsaufnahme

Amlung, Ullrich:
»in der Entscheidung gibt es keine Umwege« :
Adolf Reichwein (1898-1944),
Reformpädagoge, Sozialist, Widerstandskämpfer/Ullrich Amlung.
Mit einem Vorwort von Evelies Mayer. - Schüren, 1994
ISBN 3-89472-107-3

Schüren Presseverlag GmbH
Deutschhausstraße 31 · 35037 Marburg
Kuglerstraße 5 · 10439 Berlin
© Schüren Presseverlag 1994
Alle Rechte vorbehalten
Druck: Clausen & Bosse, Leck
Titelfoto: Adolf Reichwein als Dorfschullehrer in Tiefensee
Printed in Germany
ISBN 3-89472-107-3

Inhalt

Geleitwort *von Evelies Meyer*   7

Vorwort   9

I. Kindheit, Jugend- und Schulzeit im deutschen Kaiserreich (1898-1918)   11

1. Begegnung mit der Jugendbewegung vor dem Ersten Weltkrieg   12
2. Soldat im Ersten Weltkrieg   15

II. Studienzeit und erstes Engagement in der Erwachsenenbildung in der krisenhaften Anfangsphase der Weimarer Republik (1918/19-1923)   17

1. Studienbeginn in Frankfurt am Main   17
2. Studienabschluß in Marburg an der Lahn und vierwöchige Arbeitsgemeinschaft mit Studenten und Arbeitern in Bodenrod im Taunus   18
3. Geschäftsführer des »Ausschusses der deutschen Volksbildungsvereinigungen« und Abteilungsleiter des deutsch-amerikanischen Kinderhilfswerks in Berlin   22

III. Von der Volkshochschularbeit zur Arbeiterbildung in Thüringen in der Phase relativer Stabilisierung der Weimarer Republik (1923-1929)   24

1. Geschäftsführer der Volkshochschule Thüringen in Jena   24
2. Leiter der Volkshochschule Jena und des Volkshochschulheims am Beuthenberg   27

IV. Volksschullehrerbildung in Berlin und Halle/Saale und politisches Engagement in der Phase der Auflösung und Zerstörung der Weimarer Republik (1929-1933)   41

1. Leiter der Pressestelle und persönlicher Referent des preußischen Kultusministers Carl Heinrich Becker in Berlin   41
2. Professor für Geschichte und Staatsbürgerkunde an der Pädagogischen Akademie in Halle   42

V. Schulpädagogik in Tiefensee/Mark Brandenburg in der Zeit des Nationalsozialismus (1933-1939) 52

1. Reformpädagogisches Schulmodell Tiefensee 53
   1.1. Lehrplan 54
   1.2. Methode – Vorhaben als 'Weg der Erziehung' 56
   1.3. Das Werkvorhaben als ideales Modell eines erziehenden Sachunterrichts 58
   1.4. Vorhaben-Beispiel 'Gewächshausbau' 59
   1.5. Feste und Schulfahrten als Höhepunkte im Schulleben 61

2. Oppositionelles Lehrerverhalten im Nationalsozialismus 62

3. Vortragsreise nach England und Planungen zum Ausbau der Tiefenseer Zwergschule zu einer ländlichen Mittelpunktschule 65

VI. Museumspädagogik in Berlin während der Kriegsjahre und aktiver Widerstand gegen das NS-Regime (1939-1944) 68

1. Leiter der Abteilung »Schule und Museum« am Staatlichen Museum für Deutsche Volkskunde in Berlin 68

2. Engagement im aktiven Widerstand gegen das NS-Regime 74

Lebensdaten Adolf Reichweins (1898-1944) 86

Auswahlbibliographie 89

Geleitwort

Mit Adolf Reichwein ist ein Mann dem Naziterror zum Opfer gefallen, der aufgrund seiner Vielseitigkeit als Wissenschaftler, aber auch wegen seiner außergewöhnlichen persönlichen Ausstrahlungskraft und seiner Begeisterungsfähigkeit als politischer Pädagoge heute zu Recht zu den herausragenden Persönlichkeiten des 20. Jahrhunderts gezählt wird.

Die Erinnerung an Menschen wie Adolf Reichwein ist immer wichtig gewesen und ist es jetzt um so mehr, als in unserer Gesellschaft des vereinten Deutschland die Bereitschaft zum Teilen, zum solidarischen Miteinander vom rücksichtslosen Egoismus mehr und mehr überrollt zu werden drohten. Menschen, die sich deklassiert und bedroht fühlen, flüchten in rechtsradikalen und rassistischen Haß gegenüber allem Andersartigen und Fremden. Der Rechtsextremismus gewinnt in Deutschland wieder einmal an Boden. Hoyerswerda, Rostock, Mölln, Solingen, Lübeck, Magdeburg ... kennzeichnen einen Weg eskalierender Gewalt, einer Gewalt, die sich vor allem gegen Ausländer und politische Gegner entlädt.

Das Gedenken an Adolf Reichwein umschließt das Gedenken an einen aktiven Lehrer und Wissenschaftler und an einen Sozialisten, dem das undogmatisch verstandene Konzept eines demokratischen Sozialismus zur stärkenden Triebfeder seines Handelns geworden war. Um so überzeugter war er von der Richtigkeit seines Handelns, weil er erst spät zur SPD gefunden hatte, erst 1930, als die alarmierenden Zeichen des heraufziehenden Nationalsozialismus das Bekenntnis zur sozialen Demokratie für ihn zum moralischen Muß gemacht hatten. Jede Art von Dogmatismus war ihm zutiefst zuwider. Das Bewußtsein von der Richtigkeit, ja von der Notwendigkeit seines Handelns half ihm auch, als er 1944 seinen aktiven Widerstand gegen die Gewaltherrschaft des Dritten Reichs mit dem Leben bezahlen mußte. Dieser Widerstand hatte ihn mit Menschen wie Carlo Mierendorff, Theodor Haubach, Wilhelm Leuschner, Julius Leber und Graf Moltke zusammengeführt.

In diesem Sinne liegt in unserer Verantwortung heute, die Erinnerung an Menschen wie Adolf Reichwein lebendig zu halten, ganz im Sinne der Devise des 1914 ermordeten Kriegsgegners, des Franzosen Jean Jaurès: »Tradition heißt nicht Asche verwahren, sondern eine Flamme am Brennen halten«.

Adolf Reichweins Leben hatte viele Facetten, aber alle Aspekte seines Wirkens bestimmte ein Merkmal: den Menschen aus seiner Unmündigkeit herauszuführen zu einem selbstbestimmten und selbstverantworteten Leben.

Prof. Dr. Evelies Mayer
Hessische Ministerin für Wissenschaft und Kunst

Adolf Reichwein im Frühjahr 1944

Vorwort

Unrecht weder dulden noch daran verzagen; nicht aufhören, für Freiheit und Gerechtigkeit zu kämpfen und sich dabei durch keinen Rückschlag unterkriegen zu lassen – das nennt man, nach einem Wort des Philosophen Ernst Bloch, »aufrechten Gang«.

In Deutschland wurde aufrechter Gang nach 1933 fast gleichbedeutend mit Gang in die Emigration. Zu Hause war er selbstmörderisch geworden, bedeutete KZ, Folter und Tod. Und dennoch gab es sie: Männer und Frauen aus allen Schichten und Kreisen der Bevölkerung, die in den Jahren der nationalsozialistischen Tyrannei nicht aufgehört haben, »der Gewalt zu widerstehen, der Niedertracht und der Lüge Trotz zu bieten, den Rechtsgedanken und die Freiheit der inneren Entscheidung höher zu achten als ihre persönliche Freiheit und ihr Leben«[1], Menschen die nicht bereit waren, sich dem Unrecht zu beugen oder ihm einfach aus dem Weg zu gehen. Ein furchtbarer Blutzoll war der Preis für ihren mutigen Einsatz.

Eines unter den ungezählten Opfern ist Adolf Reichwein.

Am 16. Oktober 1944 schreibt Adolf Reichwein aus dem Gestapo-Gefängnis Prinz-Albrecht-Straße 8 in Berlin an seine Frau Rosemarie:

»Daß meine Gedanken auch immer wieder um das eigene Leben kreisen, brauche ich kaum zu sagen. Aber darüber läßt sich kaum jetzt schreiben, so wohltuend es wäre. Das eine drängt sich beim Überfliegen der Jahrzehnte auf: wie reich und schön diese Zeiten für mich gewesen sind. Das Schwere, etwa des vorigen Krieges, tritt ganz dahinter zurück. Um so stärker strahlt die ländlich gesunde ungebundene Jugend, die 10 Jahre im 'Wandervogel' mit den weiten und nahen Fahrten, die Jugendfreundschaften, die glückliche Studentenzeit in Frankfurt und Marburg mit neuen unzertrennlichen Freundschaften, dann das mit Begeisterung erfüllte Berufsleben in der Volksbildung, die seltenen Lebensgeschenke meiner Reisen in Europa, Amerika, Ostasien, die vier Jahre Fliegen und Welt aus der Vogelperspektive, dazwischen die wissenschaftlichen Arbeiten, die Nächte wie Tage kosteten und schließlich das Schönste und Reichste: die 12 Jahre mit Dir und den Kindern. Wieviel Anlaß dankbar zu sein.«[2]

In diesen wenigen Sätzen – bereits im Angesicht des Todes geschrieben – läßt Adolf Reichwein sein an Höhepunkten reiches, aber auch von schweren Rückschlägen gezeichnetes Leben abrollen, das ihm 4 Tage später, am 20. Oktober 1944, aufgrund eines Willkürurteils des Freislerschen »Volksgerichtshofes« brutal genommen wird. Adolf Reichwein ist gerade 46 Jahre alt.

Wer war dieser Mann, dessen Namen mehr als 30 Schulen und verwandte pädagogische Einrichtungen sowie zahlreiche Straßen und Plätze in Deutschland tragen?

Adolf Reichweins schicksalhafter Lebensweg war aufs engste verknüpft mit der wechselvollen deutschen Geschichte in der ersten Hälfte des 20. Jahrhunderts, die Etappen seines jäh abgebrochenen Lebens sind in gewisser Weise auch exemplarisch für viele Menschen seiner Generation, die, von der europäischen Krise des Ersten Weltkrieges und dem Zusammenbruch der alten Welt der Monarchien geprägt, sich mit großem Engagement an den unterschiedlichsten kulturellen und politischen Neugestaltungsversuchen in den 20er Jahren beteiligten und für die das Jahr 1933 eine tiefschneidende Zäsur in ihrem Leben bedeutete.

Trotz seines frühen Todes hat Adolf Reichwein ein ganz erstaunliches OEuvre hinterlassen, das er uns Nachgeborenen gewissermaßen zu treuen Händen überantwortet hat. Seine knapp 300 Titel zählenden publizistischen und wissenschaftlichen Arbeiten weisen ihn als versierten Wirtschafts- und Sozialwissenschaftler, als Kulturhistoriker ebenso wie als politisch engagierten Pädagogen aus, zeigen ihn aber auch als einen glänzenden Erzähler selbsterlebter Abenteuergeschichten, meisterhaft komponiert, phantasievoll und bildreich gestaltet, die die Leser auch heute noch zu fesseln und zu faszinieren vermögen.

Sie alle sind Zeugnisse, ›Spurenelemente‹ eines leidenschaftlichen Lebens, das ihn von Wandervogel und Kriegserlebnis zur Zeit Wilhelms II. über Erwachsenen- und Lehrerbildung in der Weimarer Republik bis hin zur Schul- und Museumspädagogik im »Dritten Reich« und zum Widerstand gegen das NS-Regime führte, sie sind Früchte vitaler Schaffenskraft und Indizien für den Facettenreichtum seines Denkens und Handelns. In allen Tätigkeitsbereichen wirkte Reichwein produktiv und reformfreudig, er griff neue Ideen auf, erprobte sie selbst in der Praxis und entwickelte sie gedanklich weiter. Persönlicher Einsatz, Risikobereitschaft, die aktive Umsetzung von Erfahrungen in unmittelbar pädagogisches und politisches Handeln, das sind Eigenschaften, die ihn in erstaunlichem Maße ausgezeichnet haben.

In diesem Jahr jährt sich zum 50. Mal der Attentatsversuch *Graf Stauffenbergs* auf *Adolf Hitler* – und damit das sichtbare Zeichen der Deutschen Widerstandsbewegung überhaupt. Die Stadt Marburg nimmt diesen historisch bedeutenden Jahrestag zum Anlaß, das Wirken des Reformpädagogen, Kulturpolitikers und Widerstandskämpfers Adolf Reichwein, dessen Todestag sich im Oktober 1994 ebenfalls zum 50. Mal jährt, mit einem Ausstellungsprojekt im Rathaussaal zu würdigen. Große Teile der Ausstellung sind als Wanderausstellung konzipiert, so daß sie auch in anderen Städten, in denen Reichwein seinerzeit gewirkt hat und wo heute Schulen seinen Namen tragen, präsentiert werden kann. Marburg ehrt mit der Ausstellung einen berühmten Bürger der Stadt, der hier an der Philipps-Universität Anfang der 20er Jahre studiert und promoviert und mit seinen Kommilitonen aus der Marburger »Akademischen Vereinigung« lebenslange Freundschaften geschlossen hat. In Marburg tragen bereits ein Studentenwohnheim und eine große Berufsschule den Namen Reichweins; seit 1989 befindet sich auch das Reichwein-Archiv als Depositum des »Adolf-Reichwein-Vereins e.V.« in der Marburger Universitätsbibliothek, so daß Marburg zum zentralen Ort der Reichwein-Forschung geworden ist.[3]

Mein Dank gilt allen, die mit ihrer Hilfe die Realisierung der Ausstellung ermöglicht haben, zuvörderst dem Kulturamt der Stadt Marburg für die finanzielle und technische Förderung, namentlich seinem Leiter *Dr. Armin Klein* und der freien Mitarbeiterin *Karin Stichnothe*, dem Hessischen Ministerium für Wissenschaft und Kunst für die großzügige pekuniäre Unterstützung, dem Reichwein-Verein für die Überlassung von Exponaten und den Praktikantinnen im Reichwein-Archiv, *Ursula Riesberg, Valerie Schäuble, Angelika Ulrich, Anja Winter* und *Eva Zwissler*, für ihre produktive Mitarbeit.

Als Autor des vorliegenden Katalogs möchte ich mich vor allem bei Frau Dr. *Annette Weber* für die verlegerische Betreuung des Bandes seitens des Schüren-Verlages in Marburg bedanken und der Max-Traeger-Stiftung ebenso wie der Hessische Landeszentrale für politische Bildung Dank sagen für die finanzielle Hilfe bei der Drucklegung des Buches.

Mit Ausstellung und Katalog soll – über die Würdigung Reichweins in seiner Bedeutung für die von ihm vertretenen Wissenschaften hinaus – die Erinnerung lebendig gehalten werden an einen aufrechten sozialen Demokraten, für den das undogmatisch verstandene Konzept eines demokratischen Sozialismus zum Lebensprogramm geworden war, an einen aufrichtigen Patrioten, dem übersteigerter Nationalismus zutiefst zuwider war und der sich selbst am liebsten als »planetarischen Europäer« oder »europäischen Planetarier« bezeichnete, an einen Menschen, der persönliche Überzeugungen und Wertvorstellungen zu keiner Zeit und um keinen Preis dem wechselhaften Konjunkturverlauf tagespolitischer Opportunitäten geopfert, sondern sie mit Bestimmtheit, aber fair gegen unrechtmäßige Angriffe, von welcher Seite auch immer, mutig verteidigt hat.

»In der Entscheidung gibt es keine Umwege.« Dieser Satz aus seiner 1941 erschienenen Erzählung »Hungermarsch durch Lappland«, wurde zum Credo seines Lebens: Als Widerstandskämpfer gegen das barbarische NS-Regime hat Adolf Reichwein sein Leben für eine menschlichere Zukunft, für mehr Demokratie und soziale Gerechtigkeit in einer humanen Gesellschaft eingesetzt und geopfert.

Cölbe bei Marburg, im Mai 1994
Ullrich Amlung

I. Kindheit, Jugend- und Schulzeit im deutschen Kaiserreich (1898-1918)

Adolf Reichweins Lebensweg beginnt in Bad Ems im heutigen Rheinland-Pfalz, wo er am 3. Oktober 1898 als erstes von drei Kindern des Volksschullehrers *Karl Gottfried Reichwein* und seiner Frau *Anna Maria*, geb. Mehl, das Licht der Welt erblickte.[4] Adolfs Vater stammte aus einer protestantischen Bauernfamilie in Heckholzhausen im Westerwald, Adolfs Mutter kam aus einer katholischen Kaufmannsfamilie in Niederwalluf im Rheingau. Zeitlebens erfüllte es Adolf Reichwein mit Stolz, aus dem »Land der armen Leute« zu stammen, wie sein Landsmann, der Kulturhistoriker Wilhelm Heinrich Riehl, diese Gegend einst genannt hat.

Im mondänen Kurort Bad Ems, der damals zur preußischen Provinz Hessen-Nassau gehörte, verbringt Adolf Reichwein seine früheste Kindheit bis zu seinem 6. Lebensjahr.

1904 übersiedelt die inzwischen fünfköpfige Familie Reichwein in die kleine hessen-darmstädtische Gemeinde Ober-Rosbach v.d.H. im heutigen Wetterau-Kreis, wo Karl Reichwein eine Stelle als Dorfschullehrer und Organist in der Dorfkirche übernommen hat. Bis zu seinem 11. Lebensjahr besucht Adolf die einklassige Zwergschule seines Vaters.

Adolf Reichwein hat sich in dem von der Industrialisierung bereits erfaßten, seinen dörflichen Charakter aber noch bewahrenden Ober-Rosbach mit seiner überwiegend agrarisch gefärbten Umgebung zwischen den Hängen des Taunus und der fruchtbaren Ebene der Wetterau ausgesprochen wohl gefühlt. Noch Jahrzehnte später ist er seinem Vater, der ihm »die ländliche Jugend gerettet hat«[5], dankbar für den Umzug vom kurstädtischen Bad Ems in die kleine hessische Gemeinde: »Obwohl ich mich nun tagein tagaus in den

Vater Karl Reichwein mit seinen beiden drei- bzw. fünfjährigen Söhnen Richard (links) und Adolf (rechts) auf einer Bank vor dem Kurpark in Bad Ems 1903 (oben)
Ober-Rosbach v. d. H. zur Zeit der Kirschenblüte (Postkarte; um 1930)

vertrauten Feldern und Wäldern tummeln konnte und außerhalb der Schulzeit mehr in den Bauerngehöften und -winkeln meiner kleinen Kameraden als zu Hause lebte, waren doch die ganz großen Zeiten dieser Jugendjahre die Ferien, die ich zum größten Teil in der westerwäldischen Bauernwirtschaft meines Großvaters verbrachte. Zwar wäre es zuviel, wenn ich sagte, daß mir die Verrichtung der Frühjahrsbestellung, des Heuens und der Ernte wichtiger gewesen wären als die Schule, aber ich kann wohl behaupten, daß der Stall mir ebenso lieb war wie die Schulklasse, und daß ich das Klettern nicht an den Tauen des Turnsaals, sondern in den Eichen und Buchen meiner hessischen Heimat gelernt habe.«[6]

Ostern 1909 wechselt Adolf Reichwein auf das Friedberger Realgymnasium, einen damals noch ganz neuen, auf Naturwissenschaften und moderne Sprachen orientierten Schultyp gegenüber dem humanistischen Gymnasium des Bildungsbürgertums. 1914 legt er die mittlere Reifeprüfung ab und besucht anschließend ein Jahr lang die in Bad Nauheim gelegene Oberrealschule. Nach Erreichen der Primarreife 1915 verläßt er die Schule und bereitet sich autodidaktisch zu Hause auf das Abitur vor.

1. Begegnung mit der Jugendbewegung vor dem Ersten Weltkrieg

Wesentliche Lebensimpulse empfängt Adolf Reichwein bereits in früher Jugend aus der um die Jahrhundertwende entstandenen Wandervogelbewegung, jener sozialkulturellen Bewegung von Schülern und Studenten, die gegen die starren Normen und z.T. hohlen Konventionen der wilhelminischen Ära protestierten und selbst einen eigenen, jugendgemäßen Lebensstil und neue Wege mitmenschlichen Verhaltens zu entwickeln suchten. In scharfer Abgrenzung zur Erwachsenenwelt schufen diese Jugendlichen ihr eigenes »Jugendreich«,

Der Oberrealschüler Adolf Reichwein (links) und Bruder Richard (zweiter von rechts) im Kreise der Dorfkameraden (um 1910) (oben)
Familienausflug in die Schwarze Heide bei Wesel - um ein Feuer mit Kaffeepott gruppiert; von links nach rechts: Onkel Gottfried R., Vater Karl, Tante Johanna R., Schwester Kläre (im Matrosenkleid), Adolf (sitzend mit Tiroler Hut), Bruder Richard, Mutter Maria (verdeckt); (Sommerferien 1912)

zu dessen Absicherung sie ein durch vielfältige Rituale zusammengehaltenes komplexes Zeichensystem entwickelten, zu dem ein eigener Kleidungsstil, ein neues Naturverständnis und mannigfaltige kulturelle Ausdrucksformen gehörten, in denen sich die Selbsterziehung in der Gleichaltrigengruppe manifestierte.

»Heute weiß man es kaum noch, was in jenen ersten Tagen nach der Jahrhundertwende der ›Wandervogel‹ bedeutete«, vermutet der Dichter Hans Fallada, in seiner Jugend selbst begeisterter Wandervogel. »Er war eine Gründung der Jugend, und er war eine Gründung, die eine Auflehnung gegen das Alter und Bürgertum, gegen Kastengeist und Muckerei bedeutete. Das stand nicht in seinen Vereinssatzungen, die nur besagten, daß der Wandervogel Schülerwanderungen betreibe, aber das war die Idee, die hinter diesen Wanderungen steckte. – Man gab sich herrlich frei und unbekümmert. Je wilder die Tracht, je rauher die Sitten, um so besser! Man spottete über Spaziergänge, man ging auf Fahrt, man verachtete Fremdwörter, Tabak, Alkohol, Poussieren, man erneuerte den Fahrenden Schüler. Wie dieser zog man mit Mandoline und Gitarre, der Klampfe, durch die Lande. Man entdeckte neu den unendlichen Reichtum der Volkslieder und sang und spielte sie den Bauern des Abends vor, ehe man zu ihnen ins Heu kroch. [...] In einer verpimpelten Zeit war es ein Stolz, bedürfnislos zu sein. Man verachtete die warme Unterwäsche, man ging auch winters mit nackten Knien und kochte das Essen, meist der Schlangenfraß genannt, in großen Kesseln auf dem offenen Lagerfeuer. – Es war selbstverständlich, daß viele Eltern und die meisten Lehrer Zeter und Mordio schrien über einen solchen Verein, der ihren Kindern nur Roheit, Sittenlosigkeit und Verlotterung beibringe. An vielen Lehranstalten wurde es den Schülern verboten, ein Wandervogel zu sein. Aber das half gar nichts. Der Wandervogel breitete sich trotzdem aus, und die Verbote mußten wieder aufgehoben werden, zumal sich ihm nie etwas Schlimmes nachweisen ließ.«[7]

Ihre vor allem praktische Kleidung nannten die Wandervögel Kluft. Anstelle von steifer Hemdbrust und Hut trugen sie auf ihren Wanderfahrten kurze

Gemischte Wandervogelgruppe beim Abkochen vor dem Zelt (um 1920) (oben)
Wandervogel-»Nest« im Torturm der Friedberger Burg (Bleistiftzeichnung Adolf Reichweins; vermutlich aus dem Jahre 1916); erstmals veröffentlicht in der Zeitschrift: Wandervogel. Monatsschrift für deutsches Jugendwandern/ Wandervogel e.V.

Ein in der Jugendbewegung beliebtes Lied: »*Wilde Gesellen, vom Sturmwind durchweht*«

Hosen, Hals und Knie nackt, offene Hemden mit dem sog. »Schillerkragen« und wetterfeste Regenkotzen; die Mädchen – seit etwa 1907 in eigenen oder auch gemischten Bünden im Wandervogel vertreten – trugen zumeist ihre weit geschnittenen und selbstbestickten »Inselkleider« aus Leinen. Auf eine Kopfbedeckung wurde bewußt verzichtet, galt doch der Hut als Symbol »spießbürgerlicher Muffigkeit«. Ein Rucksack mit Kochtopf oder Bratpfanne zum »Abkochen« unter freiem Himmel gehörte zur Standardausrüstung. »Quartier« wurde bei Bauern in Scheunen, in Zelten, Planwagen oder Höhlen gemacht.

Unabhängig von dieser wesentlich im wilhelminischen Bürgertum als Teil zivilisationskritischer, lebensreformerischer und reformpädagogischer Bewegungen entstandenen Jugendkultur formierte sich seit 1904 die Arbeiterjugendbewegung, aus anderen Anlässen und mit anderen Zielsetzungen zwar, teilte aber in ihren Gruppen und Bünden weitestgehend die Lebensformen der bürgerlichen Jugendbewegung.

Adolf Reichweins erste Berührung mit dem Wandervogel fällt noch in seine Volksschulzeit in Ober-Rosbach, als ein junger Lehrerkollege des Vaters den erst achtjährigen Jungen mitnahm auf Wochenendfahrten der befreundeten Friedberger Wandervogelgruppe, mit der man sich auch das »Nest« im städtischen Torturm der Burg zu Friedberg teilte.

Schon bald nach seinem offiziellen Eintritt in die Jugendbewegung ist Reichwein im Friedberger Wandervogel hervorgetreten. Bereits im Oktober 1913 leitet er kleinere Fahrten der Friedberger Wandervögel in die nähere Umgebung, ehe er dann im Frühsommer 1914 im Alter von 15 Jahren eine Gruppe von sieben Jungen nach Hamburg und Helgoland führt. Weitere Ferienfahrten nach Bayern, in die Lüneburger Heide und nach Holland stehen ebenfalls unter seiner verantwortlichen Leitung. Von 1916 bis 1918 ist er sogar offiziell als »Führer« der Friedberger Wandervogelgruppe in der Zeitschrift »Wandervogel in Hessen und am Rhein« genannt.

Die Wandervogelbewegung hat vor allem im künstlerisch-musischen Bereich Beachtliches geleistet. Da wurden Laienspiel und Puppentheater gepflegt, es wurde gesungen, getanzt und musiziert – Reichwein hatte zu Hause das Violinespielen gelernt, und die Geige war auf allen Fahrten sein ständiger Begleiter –; da wurden Fahrtenberichte geschrieben und Gedichte verfaßt, und von jedem, der nur die geringste Begabung dafür zeigte, erwartete man Zeichnungen und Schattenrisse – Reichwein selbst hat es zu wahrer Meisterschaft im Verseschmieden ebenso wie im Zeichnen gebracht.

Größte Popularität und Verbreitung erlangte der 1908 von *Hans Breuer* herausgegebene »Zupfgeigenhansl«, der über eine Viertelmillion Mal verkauft wurde und zum Liederbuch der gesamten wandernden Jugend avancierte.

Ihren Höhepunkt vor dem Ersten Weltkrieg erreichte die Jugendbewegung mit dem gemeinsamen Treffen verschiedener jugendbewegter Gruppen und Bünde auf dem Hohen Meißner in Nordhessen am 13. Oktober 1913, das sie bewußt als Anti-Fest gegen die hurrapatriotischen Kundgebungen der »offiziellen« Gesellschaft verstand, die an diesem Tag im ganzen Kaiserreich mit viel Pomp die Jahrhundertfeier im Gedenken an die Völkerschlacht von Leipzig und das 25jährige Regierungsjubiläum Wilhelms II. ausrichtete. Die versammelten knapp 2.000 Jugendlichen gaben

Adolf Reichwein als Soldat in Marschausrüstung (1917)

sich den Namen »Freideutsche Jugend« und verabschiedeten gleichzeitig zur Bekräftigung ihrer grundsätzlichen gesinnungsmäßigen Einheit die berühmt gewordene »Meißnerformel«:

»Die Freideutsche Jugend will ihr Leben nach eigener Bestimmung, vor eigener Verantwortung, in innerer Wahrhaftigkeit gestalten. Für diese innere Freiheit tritt sie unter allen Umständen geschlossen ein. Zur gegenseitigen Verständigung werden Freideutsche Jugendtage abgehalten. Alle Veranstaltungen der Freideutschen Jugend sind alkohol- und nikotinfrei.«[8]

Ihr programmatisches Bekenntnis zu Autonomie und Selbsterziehung konnte jedoch nicht verhindern, daß vom Taumel der allgemeinen Kriegsbegeisterung wenige Monate später auch die Wandervögel ergriffen werden.

2. Soldat im Ersten Weltkrieg

In nationaler Aufbruchstimmung strömten damals im August 1914 Massen von Kriegsfreiwilligen – darunter viele Jugendliche im Alter von 17, 18 Jahren – zu den völlig überlasteten Aufnahmestellen der Regimenter, oft von der einzigen Sorge geplagt, den alsbald erwarteten Sieg womöglich zu verpassen.

Heute ist es uns weitgehend unverständlich, wie es seinerzeit zu einer solch überschäumenden Kriegseuphorie in fast allen europäischen Staaten kommen konnte.

Der des Militarismus völlig unverdächtige Schriftsteller *Ernst Toller*, der zur Zeit des Kriegsausbruchs in Paris studierte und noch vor Schließung der Grenzen über Genf nach Deutschland zu kommen versuchte, erinnert sich:

»[...] als wir auf Schweizer Boden stehen, jubeln wir und fallen uns in die Arme und singen ›Deutschland, Deutschland über alles‹. Auf der anderen Seite des Perrons singen Franzosen, die heimkehren, die Marseillaise. Vor dem Bahnhof ein Soldat schlägt mit zuckendem Schlegel auf eine kleine Trommel und verkündet die Schweizer Mobilmachung. Als der Zug in Lindau, auf deutschem Boden, einläuft, singen wir wieder ›Deutschland, Deutschland über alles‹. Wir winken den bayerischen Landwehrmännern zu, die den Bahnhof bewachen, jeder von ihnen ist das Vaterland, die Heimat; wenn ihre Vollbärte wedeln, hören wir die deutschen Wälder rauschen. Schwitzend vor Würde läuft ein spitzbäuchiger Reservemajor auf und ab, mitten in unseren Gesang fistelt seine Knödelstimme: ›Niemand aussteigen!‹ [...] Ich habe die Stimmen der Menschen noch im Ohr, die schrieen, daß Frankreich angegriffen sei, jetzt lese ich in deutschen Zeitungen, daß Deutschland angegriffen wird, und ich glaube es. Französische Flieger, sagte der Reichskanzler, haben Bomben auf bayerisches Land geworfen, Deutschland wurde überfallen, ich glaube es. An den Bahnhöfen schenkt man uns Karten mit dem Bild des Kaisers und der Unterschrift: 'Ich kenne keine Parteien mehr'.«[9]

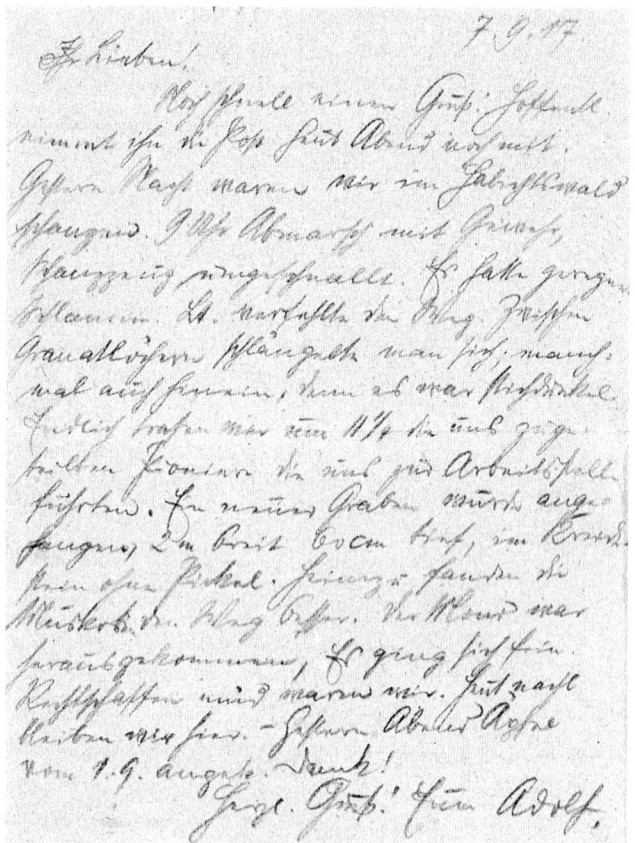 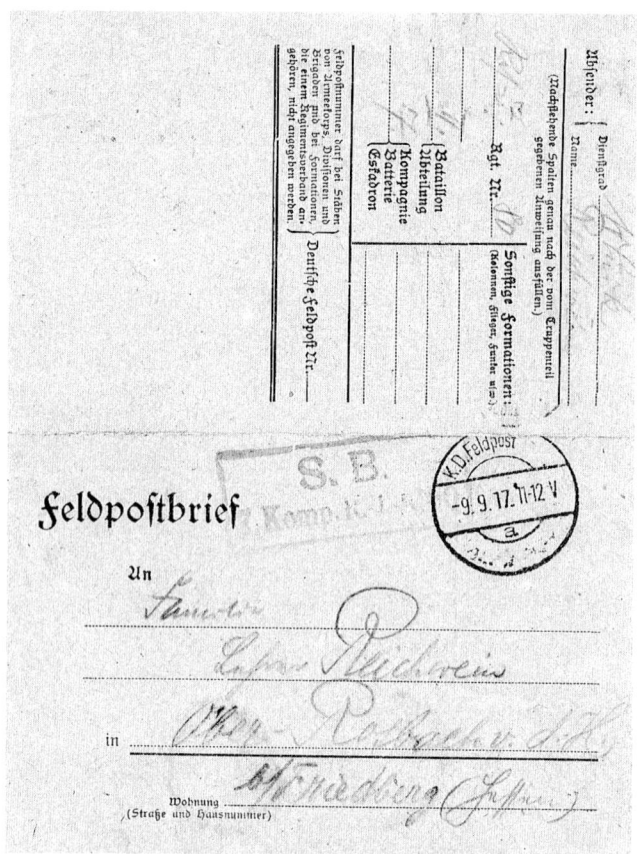

Feldpostbrief des Musketier Adolf R. vom 7. 9. 1917 an die Familie

Von den Stimmungen und »Ideen des Jahres 1914« wird auch Adolf Reichwein mit fortgerissen. Doch der bei Kriegsbeginn nicht einmal 16 Lenze zählende Gymnasiast wird wegen seiner Jugend vorerst zurückgestellt. Zwei Jahre später, unmittelbar nach Vollendung seines 18. Lebensjahres, ist es dann 'endlich' so weit: Am 16. November 1916 wird er zum Ersatzbataillon des Reserve-Infanterie-Regiments 88 in Mainz eingezogen, wo er bis Ende März 1917 seine militärische Ausbildung erhält. In dieser Zeit legt er en passant als Externer das Kriegsabitur ab.

Am 1. April 1917 wird der 18jährige Abiturient nach Polen in ein Rekrutenlager verlegt, ehe er Ende Mai 1917 an die Westfront nach Frankreich kommt. Im Stellungskrieg in Nordfrankreich, im Artilleriefeuer an vorderster Front, erlebt Adolf Reichwein in den nächsten Monaten die ungeschminkte Grausamkeit und Brutalität eines erstmals mit modernen technischen Massenvernichtungswaffen geführten Krieges. Die unmittelbar sinnlich erfahrene Allgegenwart des Todes hat den noch nicht ganz 19jährigen psychisch zutiefst erschüttert, wie Briefe aus dieser Zeit belegen.

Am 5. Dezember 1917 wird Adolf Reichwein in der Tankschlacht bei Cambrai durch die Splitter einer explodierenden Handgranate an der Lunge schwer verletzt, durch einen feindlichen Bajonettstich erleidet er zusätzlich eine Lähmung des rechten Unterarmes. Aus der Schußlinie getragen wird er von seinem Freund *Ernst Fraenkel*, der sich später als Politologe einen Namen machte.

Aufgrund seiner schweren Kriegsverwundung muß Reichwein bis Anfang 1919 in verschiedenen Lazaretten verbleiben. Das traumatische »Kriegserlebnis« läßt ihn sein Leben lang nicht mehr los

II. Studienzeit und erstes Engagement in der Erwachsenenbildung in der krisenhaften Anfangsphase der Weimarer Republik (1918/19-1923)

1. Studienbeginn in Frankfurt am Main

In der Überzeugung, daß nach dem Krieg in Deutschland »tiefgreifende soziale Reformen mit umfassender Volksbildung« zu verbinden seien, beginnt Adolf Reichwein im Mai 1918, also noch während des Krieges, ein breitgefächertes Studium in Frankfurt am Main mit dem Ziel Erwachsenenbildung. Die berufliche Entscheidung war bereits im Kriegsherbst 1917 in der Champagne gefallen, als er durch die Lektüre eines Buches von *Anton H. Hollmann* mit Leben und Werk des dänischen Volkserziehers *N. F. S. Grundtvig* bekannt wurde und seinen ursprünglichen Plan, Architektur zu studieren, zugunsten der Volksbildung aufgab. In einer kleinen autobiographischen Schrift Reichweins aus dem Jahre 1933 heißt es dazu:

»Ich begann vom Lazarett aus mein Studium auf der Universität und richtete es sofort auf die künftige Aufgabe volkstümlicher Bildung aus, studierte deutsche Geschichte, Sprache und Kunst und ergänzte dieses Studium von Volkswirtschaft und Soziologie her.«[10]

Unter seinen akademischen Lehrern in Frankfurt sind vor allem der Arbeitsrechtler *Hugo Sinzheimer*, Gründer der »Akademie der Arbeit«, und der Soziologe *Franz Oppenheimer* zu nennen.

Reichweins Studienzeit von 1918 bis 1921 steht ganz im Zeichen der unbeschreiblichen wirtschaftlichen und sozialen Not der letzten Kriegsmonate und der Nachkriegszeit, vor allem aber der verwirrenden politischen Geschehnisse in diesem historischen Zeitabschnitt: des militärischen Zusammenbruchs der Monarchie, der revolutionären Ereignisse in Herbst und Winter 1918/19 und der krisenhaften Anfangsphase der Weimarer Republik.

Als Gegner des monarchischen Militär- und Obrigkeitsstaates unter Wilhelm II. steht Adolf Reichwein sogleich auf der Seite der jungen Republik und ihrer demokratisch-rechtsstaatlichen Verfassung. Er wird zu einem leidenschaftlichen Verfechter eines freilich ganz undogmatisch verstandenen, für romantische Züge und christliche Einflüsse offenbleibenden demokratischen Sozialismus, dessen pädagogische Vorbereitung und Durchsetzung er sich zur Lebensaufgabe macht.

Mit großem Engagement versucht Reichwein seine Frankfurter Kommilitonen und seine Freunde aus der Wandervogelbewegung politisch zu aktivieren, sie zu staatspolitischem Handeln zusammenzuführen. Doch die Universitäten bildeten während der gesamten Weimarer Zeit eines der mächtigsten antidemokratischen Bollwerke in der deutschen Gesellschaft.

Schon im Mai 1919 hatte der Zeitkritiker *Kurt Tucholsky* mit Blick auf die »Preußischen Studente[n]« in der »Weltbühne« geschrieben: »Der Student von heute ist ein geistiger Commis, der nicht studiert, sondern zum Examen paukt [...]. Die Politik ist ihnen Hekuba. Das heißt: so ganz doch nicht. Das Wort Sozialismus schreckt auch die Mutigsten, die Vorstellung, die Sitzbank mit einem begabten Volksschüler teilen zu müssen, füllt die Hosen. Sie stehen fest wie ein Mann zum alten System, das ihnen zwar nichts zu essen, aber die Ehre gab, jene Ehre, die uns in der ganzen Welt lächerlich und verhaßt gemacht hat. Dazu kommt der Typ des zurückgekehrten und im Kriege beförderten Reserve-Offiziers: die jungen Herren können sich schwer in das Zivilleben hineinfinden [...].«[11]

Der reaktionäre Geist unter den Akademikern offenbarte sich in besonders eklatanter Weise schon bei der ersten ernsthaften Bedrohung für die junge Republik durch den »Kapp-Lüttwitz-Putsch« im März 1920: Während ein Großteil der Studenten indifferent reagierte, schlugen sich die Verbindungsstudenten sofort auf die Seite der Putschisten. Adolf Reichwein hingegen beteiligt sich zusammen mit anderen linksbürgerlichen Studenten aktiv am Kampf zur Niederschlagung der vom Militär angeführten und von rechtsradikalen Freikorps-Verbänden gestützten Konterrevoluti- on.

Sein Studienfreund *Albert Krebs* berichtet: »Studentische Rechts- und Linksgruppen forderten zur Meldung als Zeitfreiwillige auf. Adolf Reichwein folgte dem Ruf der 'demokratischen und sozialistischen Studenten' [...]. Ich erinnere: Adolf Reichwein stand mit einem größeren Trupp vor dem Goethe-Gymnasium, der Unterkunft des Reichswehrbataillons, mit umgehängtem Gewehr, Mündung nach unten, ähnlich, wie die Matrosen am 10. November 1918 ihre Waffen getragen hatten. Eine Aktion des Reichswehrbataillons wurde erwartet. Es kam zu keinem Zusammenstoß an dieser Stelle.«[12]

2. Studienabschluß in Marburg an der Lahn und vierwöchige Arbeitsgemeinschaft mit Studenten und Arbeitern in Bodenrod im Taunus

Zum Sommersemester 1920 wechselt Adolf Reichwein an die Philipps-Universität in Marburg an der Lahn, wo er sich am 25. Mai 1920 immatrikuliert. Er mietet eine kleine Studentenwohnung, in die wenige Wochen später auch seine Ehefrau *Eva*, geb. *Hillmann*, einzieht. Beide haben am 14. August 1920 in Frankfurt geheiratet, wo sie sich zwei Jahre zuvor in einer Wandervogelgruppe kennengelernt hatten.

In Marburg herrschte zu dieser Zeit, wie Reichwein mehrfach berichtet, noch immer große Aufregung über die Ermordung von 15 wehrlosen Arbeitern im thüringischen Mechterstädt wenige Wochen zuvor während politischer Unruhen im Gefolge des »Kapp-Lüttwitz-Putsches«, ein abscheuliches Verbrechen, für das Mitglieder des rechtsradikalen »Studentenkorps Marburg« verantwortlich waren und das in der Marburger Bevölkerung ebenso wie in der Universität auf Jahre hinaus tiefe Gräben aufriß.

Zielstrebig und konzentriert setzt Reichwein sein Studium in Marburg fort und arbeitet darüber hinaus intensiv an seiner Dissertation, deren Thema seit dem Spätsommer 1920 feststeht: »Chinas Einfluß auf die europäische Kultur des 18. Jahrhunderts«.

In einem Brief vom 4. Juni 1920 aus Marburg heißt es: »Studium und Menschen hier sind sehr interessant und anregend.«[13] Und nur wenige Wochen später, am 9. Juli 1920, schreibt er geradezu euphorisch an *Albert Krebs*: »Noch nie hab' ich so eifrig und begeistert zugleich gearbeitet wie jetzt.«[14]

Bereits im Frühjahr 1921 – nicht einmal ganz ein Jahr nach seinem Studienortwechsel – reicht er seine Doktorarbeit bei dem Wirtschaftshistoriker Prof. Dr.

Vermählungskarte (links)
Doktorurkunde der Philipps-Universität Marburg vom 19. 2. 1923

Handgeschriebener Lebenslauf vom 13. 3. 1923 aus seiner Marburger Dissertation (links)
Der jugendbewegte Student mit offenem Schillerkragen und barfuß (vermutlich in Marburg 1920)

Friedrich Wolters an der Philosophischen Fakultät der Marburger Universität ein. Am 11. Mai 1921 besteht er die mündliche Prüfung, das Rigorosum, mit dem Prädikat »gut«; knapp 2 Jahre später, am 15. Februar 1923, schließlich beendet er mit der Verteidigung seiner Dissertation, der Disputatio, seine Promotion zum Dr. phil. Das wissenschaftliche Werk, 1923 im Buchhandel erschienen, wird sein erster Publikationserfolg.

Bedeutsam für seine gesamte weitere Entwicklung ist die Begegnung mit der Marburger »Akademischen Vereinigung« (AV), einer hochschulreformerisch-jugend-bewegten Studentengruppe, die sich gegen die antirepublikanische, deutsch-nationale Gesinnung und den elitär-autoritären Kastengeist der Korpsstudenten richtete und der sich Reichwein unmittelbar nach seinem Umzug in die oberhessische Universitätsstadt im Mai 1920 anschließt. Intensiv nimmt er an dem vielgestaltigen, geistig-kulturell anspruchsvollen studentischen Gemeinschaftsleben der AV teil, zu dem u.a. der wöchentlich stattfindende »wissenschaftliche Abend« im AV-Haus, dem etwas oberhalb vom Mar-

senden innenpolitischen Probleme, vor allem der vielen noch ungelösten Aufgaben im Zusammenhang mit der sozialen Frage, zu gesellschaftspolitischem und sozialpädagogischem Engagement und fordert eine eindeutige Parteinahme der AV als Gemeinschaft für die junge und doch schon wieder ernstlich bedrohte Republik.

Im April 1921, nur wenige Wochen vor seinem Rigorosum, ruft Reichwein in einem programmatischen Artikel in den »Ockershäuser Blättern«, dem Publikationsorgan der AV, seine Marburger Kommilitonen zu einer vierwöchigen Lebens- und Arbeitsgemeinschaft mit Jungarbeitern nach Bodenrod im Taunus auf.

In der Einladung, die in Form eines Rundschreibens durch Vermittlung verschiedener Volkshochschulen an junge Arbeiter verschiedener Industriestädte Deutschlands ging, heißt es: Man wolle sich zu sachlicher Aus-

burger Rathaus gelegenen ehemaligen Hochzeitshaus, und der jährlich organisierte Pfingstkonvent gehörten. Enge Kontakte pflegte die AV zudem zu interessierten Marburger Professoren, darunter die Philosophen *Paul Natorp*, *Nicolai Hartmann* und *Martin Heidegger*, der Theologe *Rudolf Bultmann* und der Romanist *Ernst Robert Curtius*, die sich regelmäßig und aktiv an der Veranstaltungen beteiligten.

Ihrer Programmschrift aus dem Jahre 1912 gemäß verstand sich die AV als eine »objektive, neutrale Organisation« mit uneingeschränkter Meinungsfreiheit für die Einzelmitglieder.

Gegen dieses politisch-weltanschauliche Neutralitätsprinzip der AV als soziale Organisation richten sich die kritischen Bedenken Adolf Reichweins. Mit Entschiedenheit drängt er die AVer angesichts der wach-

Das ehemalige Hochzeitshaus in Marburg, wo die »Akademische Vereinigung« ihre Vereinsräume besaß (links)
Die Mitglieder der »Akademischen Vereinigung« vor der Marburger Lutherkirche (1920/21)

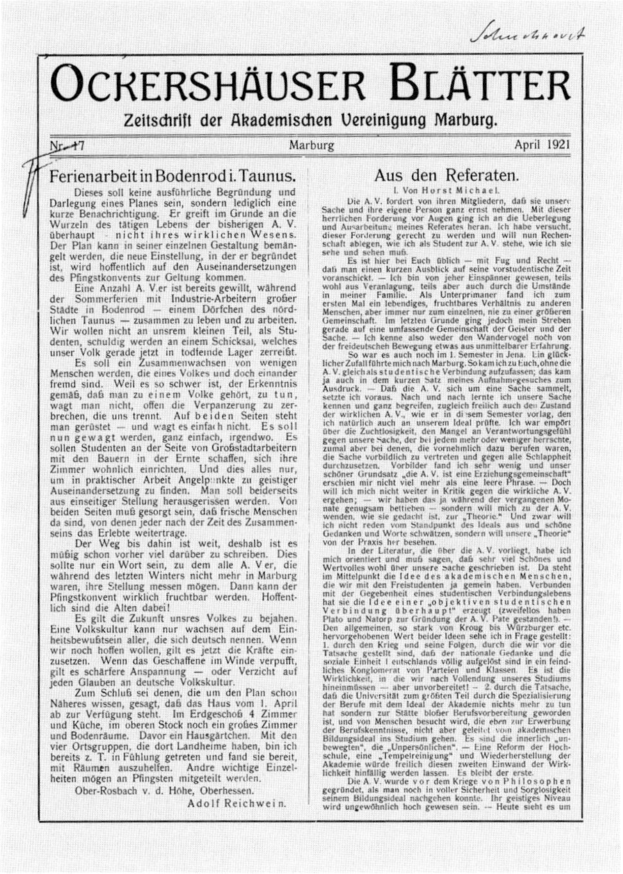

OCKERSHÄUSER BLÄTTER

Zeitschrift der Akademischen Vereinigung Marburg.

Nr. 17 | Marburg | April 1921

Ferienarbeit in Bodenrod i. Taunus.

Dieses soll keine ausführliche Begründung und Darlegung eines Planes sein, sondern lediglich eine kurze Benachrichtigung. Er greift im Grunde an die Wurzeln des tätigen Lebens der bisherigen A. V. überhaupt - nicht ihres wirklichen Wesens. Der Plan kann in seiner einzelnen Gestaltung bemängelt werden, die neue Einstellung, in der er begründet ist, wird hoffentlich auf den Auseinandersetzungen des Pfingstkonvents zur Geltung kommen.

Eine Anzahl A. V.er ist bereits gewillt, während der Sommerferien mit Industrie-Arbeitern großer Städte in Bodenrod — einem Dörfchen des nördlichen Taunus — zusammen zu leben und zu arbeiten. Wir wollen nicht an unsrem kleinen Teil, als Studenten, schuldig werden an einem Schicksal, welches unser Volk gerade jetzt in todfeinde Lager zerreißt.

Es soll ein Zusammenwachsen von wenigen Menschen werden, die eines Volkes und doch einander fremd sind. Weil es so schwer ist, der Erkenntnis gemäß, daß man zu einem Volke gehört, zu tun, wagt man nicht, offen die Verpanzerung zu zerbrechen, die uns trennt. Auf beiden Seiten steht man gerüstet — und wagt es einfach nicht. Es soll nun gewagt werden, ganz einfach, irgendwo. Es sollen Studenten an der Seite von Großstadtarbeitern mit den Bauern in der Ernte schaffen, sich ihre Zimmer wohnlich einrichten. Und dies alles nur, um in praktischer Arbeit Angelpunkte zu geistiger Auseinandersetzung zu finden. Man soll beiderseits aus einseitiger Stellung herausgerissen werden. Von beiden Seiten muß gesorgt sein, daß frische Menschen da sind, von denen jeder nach der Zeit des Zusammenseins das Erlebte weitertrage.

Der Weg bis dahin ist weit, deshalb ist es müßig schon vorher viel darüber zu schreiben. Dies sollte nur ein Wort sein, zu dem alle A. V.er, die während des letzten Winters nicht mehr in Marburg waren, ihre Stellung messen mögen. Dann kann der Pfingstkonvent wirklich fruchtbar werden. Hoffentlich sind die Alten dabei!

Es gilt die Zukunft unsres Volkes zu bejahen. Eine Volkskultur kann nur wachsen auf dem Einheitsbewußtsein aller, die sich deutsch nennen. Wenn wir noch hoffen wollen, gilt es jetzt die Kräfte einzusetzen. Wenn das Geschaffene im Winde verpufft, gilt es schärfere Anspannung — oder Verzicht auf jeden Glauben an deutsche Volkskultur.

Zum Schluß sei denen, die um den Plan schon Näheres wissen, gesagt, daß das Haus vom 1. April ab zur Verfügung steht. Im Erdgeschoß 4 Zimmer und Küche, im oberen Stock noch ein großes Zimmer und Bodenräume. Davor ein Hausgärtchen. Mit den vier Ortsgruppen, die dort Landheime haben, bin ich bereits z. T. in Fühlung getreten und fand sie bereit, mit Räumen auszuhelfen. Andre wichtige Einzelheiten mögen an Pfingsten mitgeteilt werden.

Ober-Rosbach v. d. Höhe, Oberhessen.

Adolf Reichwein.

Aus den Referaten.

I. Von Horst Michael.

Die A. V. fordert von ihren Mitgliedern, daß sie unsere Sache und ihre eigene Person ganz ernst nehmen. Mit dieser herrlichen Forderung vor Augen ging ich an die Ueberlegung und Ausarbeitung meines Referates heran. Ich habe versucht, dieser Forderung gerecht zu werden und will nun Rechenschaft ablegen, wie ich als Student zur A. V. stehe, wie ich sie sehe und sehen muß.

Es ist hier bei Euch üblich — mit Fug und Recht — daß man einen kurzen Ausblick auf seine vorstudentische Zeit voranschickt. — Ich bin von jeher Einspänner gewesen, teils wohl aus Veranlagung, teils aber auch durch die Umstände in meiner Familie. Als Unterprimaner fand ich zum ersten Mal ein lebendiges, fruchtbares Verhältnis zu anderen Menschen, aber immer nur zum einzelnen, nie zu einer größeren Gemeinschaft. Im letzten Grunde ging jedoch mein Streben gerade auf eine umfassende Gemeinschaft der Geister und der Sache. — Ich kenne also weder den Wandervogel noch von der freideutschen Bewegung etwas aus unmittelbarer Erfahrung.

So war es auch noch im 1. Semester in Jena. Ein glücklicher Zufall führte mich nach Marburg. So kam ich zu Euch, ohne die A. V. gleich als studentische Verbindung aufzufassen; das kam ja auch in dem kurzen Satz meines Aufnahmegesuches zum Ausdruck. — Daß die A. V. sich um eine Sache sammelt, setzte ich voraus. Nach und nach lernte ich unsere Sache kennen und ganz begreifen, zugleich freilich auch den Zustand der wirklichen A. V., wie er in diesem Semester vorlag, den ich natürlich auch an unserem Ideal prüfte. Ich war empört über die Zuchtlosigkeit, den Mangel an Verantwortungsgefühl gegen unsere Sache, der bei jedem mehr oder weniger herrschte, zumal aber bei denen, die vornehmlich dazu berufen waren, die Sache vorbildlich zu vertreten und gegen alle Schlappheit durchzusetzen. Vorbilder fand ich sehr wenig und unser schöner Grundsatz „die A. V. ist eine Erziehungsgemeinschaft“ erschien mir nicht viel mehr als eine leere Phrase. — Doch will ich mich nicht weiter in Kritik gegen die wirkliche A. V. ergehen; — wir haben das ja während der vergangenen Monate genugsam betrieben — sondern will mich zu der A. V. wenden, wie sie gedacht ist, zur „Theorie.“ Und zwar will ich nicht reden vom Standpunkt des Ideals aus und schöne Gedanken und Worte schwätzen, sondern will unsere „Theorie“ von der Praxis her besehen.

In der Literatur, die über die A. V. vorliegt, habe ich mich orientiert und muß sagen, daß sehr viel Schönes und Wertvolles wohl über unsere Sache geschrieben ist. Da steht im Mittelpunkt die Idee des akademischen Menschen, die wir mit den Freistudenten ja gemein haben. Verbunden mit der Gegebenheit eines studentischen Verbindungslebens hat sie die Idee einer „objektiven studentischen Verbindung überhaupt“ erzeugt (zweifellos haben Plato und Natorp zur Gründung der A. V. Pate gestanden!). — Den allgemeinen, so stark von Kroug bis Würzburger etc. hervorgehobenen Wert beider Ideen sehe ich in Frage gestellt: 1. durch den Krieg und seine Folgen, durch die wir vor die Tatsache gestellt sind, daß der nationale Gedanke und die soziale Einheit Deutschlands völlig aufgelöst sind in ein feindliches Konglomerat von Parteien und Klassen. Es ist die Wirklichkeit, in die wir nach Vollendung unseres Studiums hineinmüssen — aber unvorbereitet! — 2. durch die Tatsache, daß die Universität zum größten Teil durch die Spezialisierung der Berufe mit dem Ideal der Akademie nichts mehr zu tun hat sondern zur Stätte bloßer Berufsvorbereitung geworden ist, und von Menschen besucht wird, die eben zur Erwerbung der Berufskenntnisse, nicht aber geleitet vom akademischen Bildungsideal ins Studium gehen. Es sind die innerlich „unbewegten“, die „Unpersönlichen“. — Eine Reform der Hochschule, eine „Tempelreinigung“ und Wiederherstellung der Akademie würde freilich diesen zweiten Einwand der Wirklichkeit hinfällig werden lassen. Es bleibt der erste.

Die A. V. wurde vor dem Kriege von Philosophen gegründet, als man noch in voller Sicherheit und Sorglosigkeit seinem Bildungsideal nachgehen konnte. Ihr geistiges Niveau wird ungewöhnlich hoch gewesen sein. — Heute sieht es um

sprache finden, akademische und proletarische Jugend, »um in praktischer Arbeit Angelpunkte zu geistiger Auseinandersetzung zu finden. Man soll beiderseits aus einseitiger Stellung herausgerissen werden.«[15]

Am 7. August 1921 kommen acht Marburger AV-Studenten und elf Jungarbeiter mit dem Ehepaar Reichwein für vier Wochen in einem ehemaligen Forsthaus in dem abgelegenen Taunus-Dorf Bodenrod zusammen.

Unter Reichweins verantwortlicher Leitung werden Vorträge zu aktuellen politischen, wirtschaftlichen und pädagogischen Themen gehalten und Diskussionsgruppen gebildet. Abends wird musiziert, gesungen, gelesen, gewandert.

Die Teilnehmer an der Arbeitsgemeinschaft berichten anschließend übereinstimmend von der Atmosphäre der Sachlichkeit und Fairneß, der Offenheit und Toleranz, in welcher die kontroversen Diskussionen geführt wurden.

Diese wichtige Erfahrung demokratischer Verhaltensweisen vermittelt Reichwein jungen Arbeitern und Studenten zu einer Zeit, als das politische Klima bereits weitgehend vergiftet und haßzersetzt war, als der politische Gegner gnadenlos verteufelt wurde und die ideologischen Fronten sich zusehends verhärteten - Schlagworte wie »Dolchstoßlegende«, Versailler »Schandvertrag«, »Novemberverbrecher« verdeutlichen diese Polarisierung; zu einer Zeit also, in der die junge Weimarer Republik gegen mancherlei Widerstände und oftmals ohne Erfolg sich mühte, Verständnis für die neue demokratische Lebens- und Gesellschaftsordnung zu wecken.

Reichwein bleibt auch nach Abschluß seines Studiums und seinem beruflich bedingten Weggang von Marburg mit der AV bis zu deren erzwungener »Selbstauflösung« 1934 in regem Gedankenaustausch und veranstaltet in ihrem Kreis während der 20er Jahre mehrere Tagungen zu wirtschafts-, innen- und außenpolitischen Themen.

Adolf Reichweins Aufruf zur Arbeitsgemeinschaft in Bodenrod/Taunus (oben)
Adolf R. (Mitte) mit seiner 1. Ehefrau Eva Hillmann, Studenten und Jungarbeitern während der vierwöchigen Arbeitsgemeinschaft in Bodenrod/Taunus im August 1921

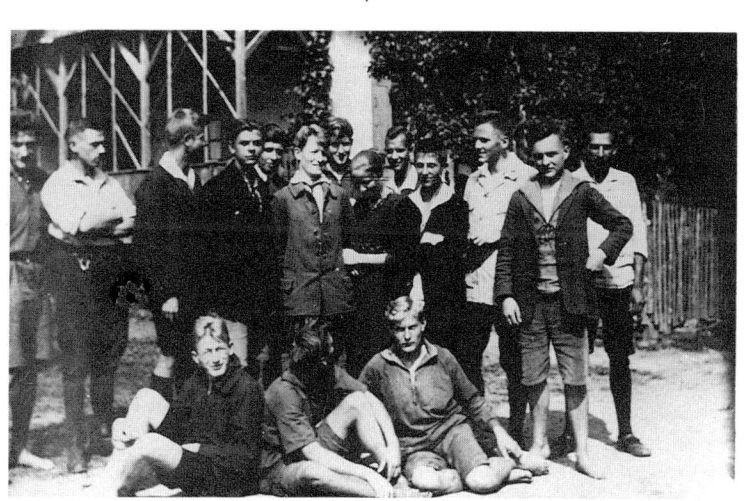

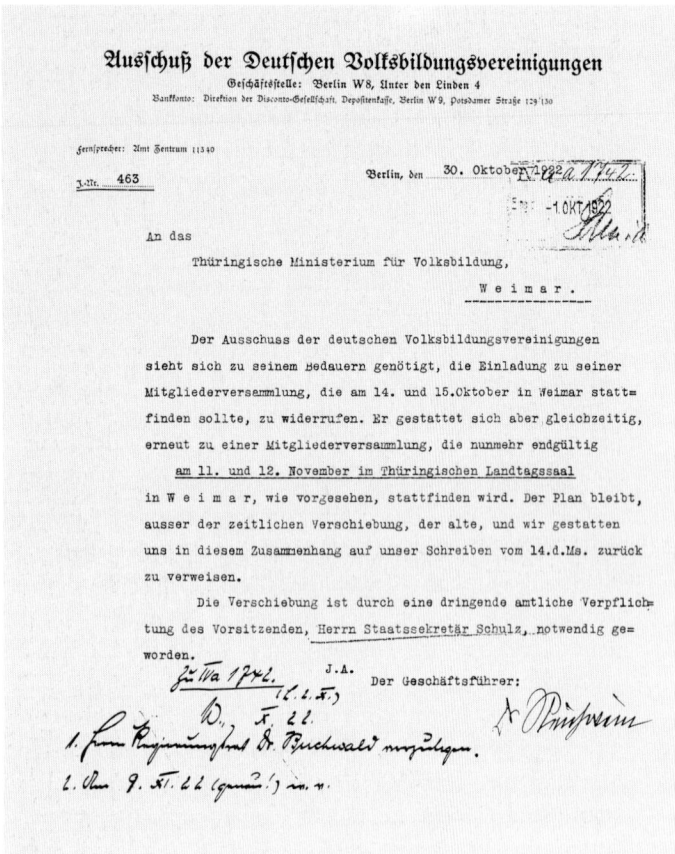

Brief des Geschäftsführers des »Ausschusses der Deutschen Volksbildungsvereinigungen«, Dr. Adolf Reichwein, vom 30. 10. 1922

3. Geschäftsführer des »Ausschusses der deutschen Volksbildungsvereinigungen« und Abteilungsleiter des deutsch-amerikanischen Kinderhilfswerks in Berlin

Das erfolgreiche Bodenroder Unternehmen, über das Reichwein anschließend in verschiedenen Fachzeitschriften berichtet, hat ihn schlagartig auch in Kreisen der seit der Novemberrevolution 1918 explosionsartig expandierenden Volkshochschulbewegung bekannt gemacht, und noch Ende 1921 holt ihn deren spiritus rector, *Robert von Erdberg*, als Geschäftsführer des »Ausschusses der deutschen Volksbildungsvereinigungen« nach Berlin.

Zu seinem neuen beruflichen Aufgabenbereich in der Erwachsenenbildung in Berlin gehört neben ständigen Verhandlungen mit den amtlichen Stellen in den Ministerien über finanzielle Unterstützung und bessere personelle Ausstattung vor allem die Organisation von Tagungen und Kongressen, um »im Gespräch der Praktiker und Wissenschaftler die theoretische Fundierung der Volksbildungsarbeit voranzutreiben«.[16] Diese verantwortliche Position an der Gelenkstelle zwischen staatlicher Kulturarbeit und Bildungseinrichtungen freier Trägerschaft bietet ihm natürlich hervorragende Gelegenheiten, die führenden Vertreter der Weimarer Volkshochschulbewegung kennenzulernen. Er beteiligt sich an zahlreichen pädagogisch-kulturpolitischen Aktivitäten, organisiert z.B. eine reichsweite Kampagne für die Jugendschutzgesetzgebung und wirkt am jugendpolitischen Programm zum 10. Jahrestag des »Hohen Meißner« ebenso wie an einer internationalen Jugendtagung in Hellerau bei Dresden mit. Hier lernt er *Fritz Klatt* kennen, in dessen Volkshochschulheim in Prerow auf der Ostseehalbinsel Darß er in den nächsten Jahren zahlreiche Ferienkurse mit Jungarbeiter- und Studentengruppen veranstaltet. Reichwein wird ständiger Mitarbeiter der Zeitschriften »Sozialistische Monatshefte«, wo er die Rubrik »Nationale Bewegungen« betreut, und »Vivos Voco«, die von *Hermann Hesse* und *Richard Woltereck* herausgegeben wurde. In seinen Publikationen setzt er sich mit aktuellen politischen, sozialen und wirtschaftlichen Entwicklungen in Deutschland und den benachbarten europäischen Ländern, vor allem in Rußland, auseinander.

Als sich der »Ausschuß der deutschen Volksbildungsvereinigungen« im Frühjahr 1923 wegen zu großer bildungspolitischer Meinungsverschiedenheiten unter seinen Mitgliedern auflöst, übernimmt Reichwein zunächst für ein halbes Jahr die Leitung der Abteilung Nordostdeutschland des deutsch-amerikanischen Kinderhilfswerks in Berlin, ehe er im Herbst 1923 als Geschäftsführer der »Volkshochschule Thüringen« nach Jena geht. Es drängte ihn nach den insgesamt doch mehr organisatorisch-administrativen Tätigkeiten in Berlin wieder in die unmittelbar pädagogische Arbeit.

Am 30. August 1923 schreibt der 24jährige promovierte Kunsthistoriker und Wirtschaftswissenschaftler Adolf Reichwein erstmals über seine neue berufliche Perspektive an seinen Vater: »Also aller Wahrscheinlichkeit nach werde ich im Oktober zusammen mit *Berlepsch-Valendas* (einem Schweizer von etwa 28 Jahren) die Leitung der 'Volkshochschule Thüringen' übernehmen. Das erfahrungsreiche und auch sonst sehr wichtige Zigeunerleben wird also vorläufig noch fortgesetzt. Ich bin recht dabei in meinem Element: irgendwo aufbauen, dann wieder weiterziehen [...]. Wir beide hätten die Aufgabe, im ganzen Lande Thüringen das Volkshochschulwesen auszubauen, ein kaum gepflügtes Feld, dabei vielleicht mehr als irgendwo sonst in Deutschland fruchtbares Land. Mein Sitz wäre Jena [...]. Die Arbeit wäre wesentlich pädagogisch.«[17]

Reichwein reizt neben der pädagogischen Aufgabe in Thüringen vor allem auch die verlockende Aussicht, gleichzeitig mit dem Ortswechsel die »Berliner Staubluft« gegen die Jenaer »Landluft« eintauschen zu können, zumal sich bei dem jungen Paar Reichwein gerade zu diesem Zeitpunkt Nachwuchs angemeldet hat.

»Jena«, schreibt er im gleichen Brief an seinen Vater, »ist ein sehr schönes Städtchen; anregend in jeder Beziehung, landschaftlich, menschlich (Universität, Eugen Diederichs-Verlag, der viele Menschen für vorübergehend hinzieht, Zeiß-Werke u.s.f.)«. Ein idealer Ort, »in Ruhe einmal die fast zwei Jahre Berlin [zu] verdauen«.[18]

Adolf Reichwein (1923)

III. Von der Volkshochschularbeit zur Arbeiterbildung in Thüringen in der Phase relativer Stabilisierung der Weimarer Republik (1923-1929)

1. Geschäftsführer der Volkshochschule Thüringen in Jena

Zum 30. September 1923 beendet Reichwein seine Tätigkeit beim deutsch-amerikanischen Kinderhilfswerk in Berlin und übernimmt am 1. Oktober zusammen mit *Hans Berlepsch-Valendas* die Geschäftsführung der »Volkshochschule Thüringen«, einem überregionalen Zusammenschluß einzelner Volkshochschulen mit Sitz in Jena.

Der offizielle Auftrag für die Tätigkeit der beiden Geschäftsführer lautet: »Anregung, Einrichtung und Förderung von Volkshochschulen in einzelnen Orten des Landes Thüringen, Zusammenfassung aller thüringischen Volkshochschulen zur gegenseitigen Förderung und Vertretung der gemeinsamen Interessen.«[19]

Zur praktischen Arbeit der Geschäftsführung der 'Volkshochschule Thüringen' gehörte dabei vor allem die Aus-, Fort- und Weiterbildung der Volkshochschullehrer in ganz Thüringen. Aus diesem Grunde führen Reichwein und *Berlepsch-Valendas* binnen eines Jahres acht einwöchige zentrale Lehrgänge, sog. Volkshochschulwochen, durch, die in Form von Arbeitsgemeinschaften vor allem volkswirtschaftliche und politische Themen behandeln.

Zusätzlich zu den organisatorischen Aufgaben und den pädagogischen Verpflichtungen im Rahmen der 'Volkshochschule Thüringen' veranstaltet Adolf Reichwein noch Kurse an der städtischen Volkshochschule Jena, allein im Frühjahr 1924 sind es, wie er in einem Brief vom 27. Mai 1924 an seinen Vater schreibt, »wöchentlich 4 Arbeitsgemeinschaften [...]: 1) Das neue Europa, seine politische Struktur, seine wirtschaftlichen Möglichkeiten. 2) Wirtschaftsgeschichte des Mittelalters und der Gegenwart. 3) Gewalt und Gewaltlosigkeit in Erziehung und Politik. 4) Die gegenwärtige Form der Wirtschaft.«[20]

Gebäude der ehemaligen Geschäftsstelle der »Volkshochschule Thüringen« und der Volkshochschule Jena in Jena, Carl-Zeiss-Platz 3

Der Schwerpunkt seiner Veranstaltungsthemen liegt eindeutig auf wirtschaftspolitischem Gebiet. Der Volkshochschullehrer Reichwein hat im Unterschied zu vielen anderen Pädagogen, aber auch Historikern oder Politikern seiner Zeit, frühzeitig schon die Bedeutung der Wirtschaft für die gesellschaftliche Entwicklung, »ihre motorische Kraft alles heutigen Geschehens«[21], erkannt.

Bereits Anfang 1924 veröffentlicht er beim Thüringer Staatsverlag in Weimar ein Buch zur Problematik der Weltwirtschaft unter dem Titel 'Die Rohstoffe der Erde im Bereich der Wirtschaft', um für die Volks-

Der Geschäftsführer der »Volkshochschule Thüringen«, Adolf Reichwein (links), mit VHS-Kollegen und Schülern in Jena (1924)

hochschularbeit eine Art Kompendium in Wirtschaftsfragen zur Hand zu haben. Noch kein halbes Jahr nach Erscheinen des kleinen Bändchens kommt bereits eine Neuauflage auf den Buchmarkt.

Als sich bei den ein- und zweiwöchigen Schulungskursen im Rahmen der Volkshochschullehrerausbildung immer deutlicher herausstellt, daß an den meisten Lehrgängen in Wirklichkeit überwiegend Volks- und Berufsschullehrer teilnehmen und Volkshochschullehrer aus entlegenen Gebieten Thüringens bei diesen Kursen kaum vertreten sind, gehen Reichwein und Berlepsch-Valendas, um dieser Entwicklung entgegenzusteuern, ab Juni 1924 zu geographisch kleineren Einheiten über, zunächst zu Kreistagungen und schließlich im Winter 1924/25 zu Arbeitsgemeinschaften in einzelnen thüringischen Orten. Diese organisatorische Umstellung bedeutet für die beiden Geschäftsführer eine erhebliche Mehrbelastung, allein schon wegen der damit verbundenen längeren, z.T. auch recht schwierigen und strapaziösen Anfahrten zu den weiter entfernt liegenden Schulungsorten.

Mitte November 1924 schreibt Reichwein nach Hause: »Ich selbst bin ziemlich viel unterwegs, auswärtige Kurse, anstrengendes Leben, reiche menschliche Erfahrung, auch reiche pädagogische Praxis, Übung [...]. Viele neue Menschen lernt man neu dabei kennen, macht neue Erfahrungen. Tut auch dies oder jenes, schiebt Menschen weiter, rüttelt sie auf. Im ganzen vielleicht doch etwas 'Erfolg', wenn auch vieles im Wind verweht, darüber darf man sich nichts vormachen.«[22]

Als dann *Wilhelm Flitner*, der bisherige Leiter der Jenaer Volkshochschule, im Herbst 1924 in den Schuldienst zurückgeht, übernehmen die beiden Geschäftsführer der 'Volkshochschule Thüringen' zum Teil auch noch die Geschäfte der Volkshochschule Jena. Anfang 1925 tritt auch Reichweins Kollege *Berlepsch-Valendas* von seinem Posten zurück, und Reichwein ist nun alleiniger Geschäftsführer der 'Volkshochschule Thüringen'. Schon kurze Zeit später muß er wegen der ungünstigen Verkehrsverhältnisse den Gedanken aufgeben, die thüringischen Volkshochschulen von einer Zentrale aus zu leiten. Er beginnt deshalb damit, weitere Kreisberatungs- und Nebengeschäftsstellen einzurichten, die ab Herbst 1925 die Zentrale entlasten sollten.

Adolf Reichwein ist durch die organisatorischen Umstellungen und die nun alleinige Verantwortung für die 'Volkshochschule Thüringen' sowie seine zusätzlichen Verpflichtungen an der Volkshochschule Jena völlig überarbeitet und erkrankt im März 1925 schwer an Diphterie. Er muß seine Arbeit für mehrere Monate unterbrechen. Auf einer ausgedehnten, etwa acht Wochen dauernden Italienreise kann er sich erholen und neue Kräfte sammeln.

Infolge der Erkrankung und der längeren Rekonvaleszenzphase ist Reichwein gezwungen, seine Teilnah-

Brief des Geschäftsführers der »Volkshochschule Thüringen«, Adolf Reichwein, vom 1. 2. 1924 an den englischen Freund Rolf Gardiner; Mitteilung über den Plan einer europäischen Begegnungsstätte für die Jugend

me an einigen von ihm mitgeplanten Veranstaltungen abzusagen.

Dazu gehörte auch der politisch-pädagogische Kongreß zu Ostern 1925 im Jenaer 'Volkshaus', den er mitvorbereitet und organisiert hatte. Vom 16.-19. April 1925 kamen damals auf Einladung von *Fritz Klatt, Wilhelm Flitner,* Adolf Reichwein u.a. Freunde aus der Jugendbewegung und Persönlichkeiten aus Theorie und Praxis von Politik, Wirtschaft und Erziehung in Jena zusammen, um darüber zu beraten, wie die für die nationale Erneuerung notwendige Übertragung der produktiven neuen Gedanken in Wirtschaft und Erziehung gemeinsam mit Praktikern der Kriegsgeneration koordinierter in Gang gebracht werden könnte.

Vom 2.-8. August 1925 findet in Meißen die deutsch-skandinavische Volkshochschulwoche statt, die die »Zusammenarbeit der jungen deutschen Volksbildungsbewegung mit der älteren im neutral gebliebenen Skandinavien nach den Einengungen der Inflationszeit fördern« sollte.[23] Diese Tagung – eine Weiterführung der bereits 1923 in Hellerau begonnenen deutsch-nordischen Verständigung – war ebenfalls von Adolf Reichwein mitvorbereitet worden. An ihr kann der inzwischen Genesene auch wieder aktiv teilnehmen.

Zu dieser Zeit, im Sommer 1925, bahnt sich bereits das Ende seiner derzeitigen beruflichen Tätigkeit an:

Ende August 1925 schreibt Reichwein seinem Vater, daß er im Moment vor der Entscheidung stünde, die durch den Weggang *Wilhelm Flitners* vakant gewordene Leiterstelle der städtischen Volkshochschule Jena zu übernehmen, oder ob er »nicht überhaupt jetzt für ein paar Jahre aus der Volkshochschularbeit herausgehen und nur wissenschaftlich arbeiten [sollte].«[24]

Über Reichweins Entscheidungsprozeß ist von *Wilhelm Flitner* in seinen Erinnerungen folgendes überliefert: »Auf der Quäkertagung in Eisenach [1923] hatte ich im Gefolge des Marburger Pädagogen *Paul Natorp* mit Adolf Reichwein Bekanntschaft geschlossen, der, aus dem Kreis der 'Akademischen Vereinigung' stammend, mir als Sozialökonom für die Volkshochschularbeit von großem Nutzen schien; er war auf meinen Vorschlag hin in die Volkshochschule Thüringen berufen worden und hatte durch Kurse und Vorträge Interesse für Wirtschaftsfragen und Politik geweckt. Besonders hatte ihn der englische 'Gildensozialismus' beschäftigt. Reichwein war ein kühner, unruhiger Geist, ein Mut und Tatkraft ausstrahlender Mann und ein fesselnder Jugendführer. Freilich war zu befürchten, daß er in Jena nicht lange bleiben werde. Aber ich überzeugte ihn, daß er jetzt die Leitung der Abend-Volkshoch- schule übernehmen müsse. In einem langen nächtlichen Rundgang um den Hanfried auf dem Jenaer Marktplatz gelang es mir, seine Zusage zu erhalten. Er hat vier Jahre die Anstalt geleitet, sich intensiv den Jugendkursen und vor allem der Arbeiterjugend gewidmet, ging aber dann 1929 nach Berlin, wohin ihn der Minister Becker zog; und die Jenaer Volkshochschule überließ er seinem Freund Otto Haase, der damals die Trüpersche Erziehungsanstalt auf der Sophienhöhe leitete [richtig: Heiner Lotze wurde Reichweins Nachfolger].«[25]

2. Leiter der Volkshochschule Jena und des Volkshochschulheims am Beuthenberg

Nachdem Reichwein zwei Jahre lang das thüringische Volksbildungswesen weiter ausgebaut hatte, übernimmt er zum 1. Oktober 1925 die Leitung der städtischen Volkshochschule Jena.

Jena war zu dieser Zeit, also Mitte der 20er Jahre, nicht nur Mittelpunkt des geistig-kulturellen Lebens in Thüringen, was es vor allem seiner traditionsreichen Universität verdankte, es war zugleich auch Zentrum des wirtschaftlichen, sozialen und politischen Lebens; vor allem aber war Jena eine Hochburg der Arbeiterbewegung, hatte sein eigenes Karl-Liebknecht-Haus und eine einflußreiche sozialistische Presse.

Die Volkshochschule Jena existierte seit dem 1. April 1919. Sie war eine demokratisch verfaßte Abend-Volkshochschule mit Hörerräten und Vertretern der Hörerschaft im Vorstand des 'Vereins der Volkshochschule Jena', so daß die Mitbestimmung der Kursteilnehmer bei allen wichtigen, die Volkshochschularbeit betreffenden Entscheidungen gewährleistet war. Ein Helferkreis von etwa 50 Privatpersonen stand der Volkshochschule mit viel Idealismus und großem Engagement zur Seite; denn ein großer Teil der Volkshochschularbeit basierte auf dem Prinzip der aktiven Selbsthilfe. Finanziell unterstützt wurde die Jenaer Abend-Volkshochschule in der Hauptsache durch die ortsansässigen Zeiss-Werke, vor allem jedoch durch die Carl-Zeiss-Stiftung. Diese Stiftung war 1891 von dem Industriellen und Sozialpolitiker *Ernst Abbe* ins Leben gerufen worden zum Zwecke der Förderung von gemeinnützigen Einrichtungen und Maßnahmen zugunsten der arbeitenden Bevölkerung. Und die hochqualifizierte Arbeiterschaft, vorwiegend aus der optisch-feinmechanischen Industrie der Zeiss- und Schott-Werke, stand der Jenaer Volksbildungsinitiative durchaus aufgeschlossen gegenüber. Das belegen auch die Zahlen der Kursteilnehmer, von denen etwa 70 Prozent der Industriearbeiterschaft angehörten.[26]

Reichwein erkennt und bejaht diese Verbindung, die Verklammerung von Volksbildung und Arbeiterbildung, und so gilt sein ganzes Bemühen, »ohne selbst einer Partei anzugehören, auch und gerade den organisierten Arbeiter als das aktivste Element für meine Schule zu gewinnen«.[27]

Doch die neue Aufgabe als Volkshochschulleiter wird gleich zu Beginn von einem schweren persönlichen Schicksalsschlag überschattet. Durch einen tragischen Unglücksfall verlieren Adolf und Eva Reichwein ihr einziges Kind Gert. Der zweijährige Junge ertrinkt im September 1925 beim Spielen im Garten in einer Regentonne. Seine Eltern sind völlig verzweifelt. Scheint sie das gemeinsame Leid zunächst enger zu-

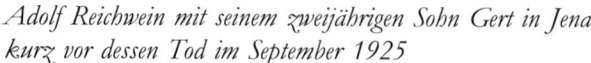
Adolf Reichwein mit seinem zweijährigen Sohn Gert in Jena kurz vor dessen Tod im September 1925

sammenzuschweißen, so zerbricht die Ehe schließlich unter dem seelischen Druck dieser Tragödie. Die Scheidung wird offiziell am 24. November 1927 vom Amtsgericht in Weimar ausgesprochen.

Trotz der schweren persönlichen Krise geht Reichwein mit unvermindertem Einsatz daran, die Arbeit der Jenaer Volkshochschule neu zu gestalten und ihre Ausstrahlung weiter zu erhöhen. Als erste Maßnahme ersetzt er die Methode der Vorträge durch Arbeitsgemeinschaften in kleineren Gruppen und macht die Behandlung aktueller politischer und wirtschaftlicher Fragen zum Schwerpunkt seiner Volkshochschularbeit.

So finden sich seit seinem Amtsantritt in Jena im Veranstaltungsprogramm der Volkshochschule bisher kaum beachtete Themen wie »Probleme des Achtstundentages«, »Genossenschaftswesen«, »Wirtschaftsdemokratie« oder auch »Die Entwicklung Rußlands« wieder.

Reichwein begründet die Änderungen im Lehrplan so: »Man hat bemängelt, ob es zweckmäßig sei, gerade jetzt, wo Rußland so umstritten ist, darüber in der Volkshochschule sprechen zu lassen. Ich meine, die Volkshochschule kann nur wirklich lebendig existieren, wenn sie den Mut hat, gerade die umstrittenen Gegenstände in den Mittelpunkt ihrer gemeinsamen Aussprache zu stellen.«[28]

Neben der unvermeidlichen, aber zeitraubenden und mitunter großes organisatorisches Geschick erfordernden Verwaltungsarbeit widmet sich Reichwein von Anfang an mit besonderem Engagement den Kursen für die Arbeiterjugend. Er leitet die Jugendvolkshochschule, der sich im Winter 1925/26 fünfzig bis fünfundfünfzig Jugendliche angeschlossen hatten, die überwiegend aus der proletarischen Jugendbewegung kamen, darunter Mitglieder der kommunistischen und sozialistischen Jugend, aber auch der Ernst-Abbe-Jugend sowie Nichtorganisierte.[29] Mit ihnen veranstaltet er jeden Samstag nachmittag sportliche Übungen und Wettkämpfe mit daran anschließender und am folgenden Sonntag fortgesetzter Aussprache über wirtschaftliche Fragen, die vor allem der Einführung in die Zusammenhänge der mitteldeutschen Wirtschaft dienten, »innerhalb deren die einzelnen ja selbst beruflich gebunden sind«.[30] Zur Veranschaulichung des Unterrichts unternimmt er mit den jugendlichen Kursteilnehmern mehrere zwei- und dreitägige Fahrten zu ausgewählten Industriezentren in Thüringen, so z.B. zum Kraftwerk Ziegenrück an der oberen Saale oder zu den Stätten der notleidenden Glas- und Spielwaren-Heimindustrie im Thüringer Wald (Neuhaus, Lauscha, Sonneberg u.a.) oder auch zur Leipziger Messe.

Besonders intensiv kümmert sich Reichwein in dieser Zeit um die vielen Arbeitslosen, für die er im Winter 1925/26 zehn Sonderkurse eingerichtet hat. Von den mehr als 400 Erwerbslosen innerhalb der Stadt Jena nehmen etwa 200 im Alter von zumeist 20 bis 30 Jahren an den Arbeitsgemeinschaften und allgemeinbildenden Kursen teil.

Um den Gedankenaustausch aller an der Jenaer Volkshochschularbeit Interessierten zu fördern und alle Beteiligten noch enger zu einer Volkshochschulgemeinde zusammenzuschließen, gibt Adolf Reichwein von Februar 1926 an eine Monatsschrift heraus, die ,Blätter der Volkshochschule Jena', gedacht als »ein lebendiges Ausspracheorgan« wie ein »verbindendes Organ« für die verschiedenen Arbeitsgruppen an der Volkshochschule.

Reichweins Volkshochschularbeit wird trotz ihrer Erfolge – die Hörerschaft der Volkshochschule war binnen eines halben Jahres um das Doppelte auf 1.300

Umschlagseite des ersten Heftes der »Blätter der Volkshochschule Jena« mit einem Holzschnitt von Ernst Großmann, Jena (links)
Programmheft der Volkshochschule Jena für das Trimester Januar-März 1926

angestiegen – von Anfang an auch mit scharfem Mißtrauen beobachtet und ist vor allem von Seiten der SPD wie der KPD sogar starken Anfeindungen ausgesetzt. Vor allem stoßen sich die Parteidogmatiker an der Überparteilichkeit seiner Volkshochschularbeit, unter deren Deckmantel sie Ablenkung der Arbeiter vom

Klassenkampf und Verbürgerlichung der Massen vermuten. Anlaß für solch heftige Vorwürfe und Beschuldigungen waren Sätze wie diese von Adolf Reichwein zu seinem grundsätzlichen pädagogischen Aufgabenverständnis: »Es bleibt natürlich als methodische Grundlage die Arbeitsgemeinschaft. Es bleibt weiter Überführung des Wissens in eigenen Besitz durch denkende Mitarbeit. Damit unterscheiden wir uns immer noch und im wesentlichen also von Konfessions- und Parteischulen jeder Art. Nicht das Dogma, also einfach hingenommene Glaubenssätze, sondern die kritisch durchdachte Lehre ist unser Gegenstand, aber auf Lehre liegt der Ton.«[31]

In seinem Bericht über die »Herbstarbeit der Volkshochschule Jena« (1925) geht Reichwein ausführlich auf den von parteipolitischer Seite erhobenen Einwand einer »angeblichen Neutralität« seiner Volkshochschularbeit ein und stellt klar, daß die Volkshochschule Jena eine »Stätte« sei, »wo man versucht, möglichst vorurteilslos alle Dinge zu betrachten und Wege zu finden für das persönliche Leben und für die Neugestaltung der sozialen Verhältnisse. Nicht 'Neutralität', sondern Sachlichkeit«.[32] Dazu gehöre auch, daß »die Volkshochschule, der es auf den ganzen Menschen ankommt, verpflichtet ist, die Menschenrechte als unantastbaren Ausgangspunkt ihrer Arbeit anzuerkennen. Die Rücksichtnahme auf die andere Meinung, des Aussprachegegners z.B., hindert keineswegs, daß auch der Lehrer wie jeder andere seine Meinung begründet und ohne Einschränkung zum Ausdruck bringt.«[33]

Es scheint, als habe Reichwein das anfänglich bestehende Mißtrauen der klassenbewußten Arbeiter und ihrer Funktionäre gegen seine Arbeit im Rahmen der Jenaer Volkshochschule überwinden können; es gibt sogar Berichte von jungen Arbeitern, die belegen, daß sie überhaupt erst durch die Teilnahme an den von Reichwein geleiteten Arbeitsgemeinschaften den Weg zu eigenem aktiven parteipolitischen und gewerkschaftlichen Engagement gefunden haben.

Während seine Volkshochschularbeit bereits die ersten Früchte trägt, plant Reichwein schon mit Blick auf die Zukunft den großzügigen Ausbau der Jenaer Volkshochschule zu einem integrativen Volksbildungszentrum für ganz Thüringen, das in einem zeitlichen Rahmen von insgesamt zehn Jahren in drei Bauabschnitten fertiggestellt werden soll. Angeregt durch die Leipziger Volkshochschulheime, die *Gertrud Hermes* und *Hermann Heller,* mit denen Reichwein in intensivem Gedankenaustausch steht, seit 1923 mit Jungen und Mädchen aus der Leipziger Arbeiterschaft aufgebaut haben, will er zunächst das Experiment wagen, das Modell dieser Jungarbeiterwohnheime der Großstadt Leipzig in die Verhältnisse einer mittelgroßen Stadt wie Jena zu übertragen. Daher wollte er in einer ersten Bauphase ein Volkshochschulheim für Jungarbeiter erstellen, dem ein weiteres und ein drittes ebensolches Heim für Mädchen folgen sollten. In späteren Bauabschnitten waren ein Tagesheim für wandernde Jugendliche, eine Volksmusikschule, eine eigene Jugendvolkshochschule, ein Volkshochschulkindergarten und eine Wirtschaftsschule vorgesehen.

Den ganzen Winter über hat Reichwein zielstrebig an den Vorbereitungen für dieses Volkshochschulzen-

Gebäude des Volkshochschulheims Am Beuthenberg 20 in Jena; im Vordergrund eine Besuchergruppe aus Skandinavien

Feier zu Adolf Reichweins 29. Geburtstag am 3. Oktober 1927 im Volkshochschulheim am Beuthenberg in Jena; links neben Reichwein (Mitte) sein Freund Albert Krebs, vor ihm die Heimwirtschafterin

trum gearbeitet und sich bereits mit Architekten des Bauhauses in Verbindung gesetzt und Zeichnungen für das Haus anfertigen lassen. Doch die anspruchsvollen Pläne für das Volksbildungshaus zerschlugen sich alsbald.

Wenngleich die aufwendige Gesamtkonzeption eines integrativen Volksbildungszentrums nicht realisiert werden konnte, so bedeutete das nicht, daß Adolf Reichwein resignierte; vielmehr intensivierte er seine Bemühungen um einen bescheideneren Ausbau der Jenaer Volkshochschule, und nach zähen Verhandlungen und mit finanzieller Unterstützung der Carl-Zeiss-Stiftung gelingt es ihm zuletzt tatsächlich, das Kernstück seiner Planungen zu verwirklichen: die Gründung eines Jungarbeiterwohnheims nach Leipziger Modell, in dem er zu einer konzentrierteren Form pädagogischer Arbeit zu kommen hoffte. Wenig später wird die Jenaer Volkshochschule zudem um eine Wirtschaftsschule zur Ausbildung von Arbeiterfunktionären, in erster Linie von Betriebsräten, erweitert, womit sich eine weitere Forderung in Reichweins pädagogischem Konzept in Jena erfüllt hat. Ihr sind kurz hintereinander zwei weitere Wirtschaftsschulen in Thüringen gefolgt, in Gotha und in Altenburg.

Am 1. Mai 1926 eröffnet Reichwein auf einer von der Zeiss-Stiftung gemieteten Etage in einem Gebäude am Jenaer Beuthenberg offiziell ein Volkshochschulheim, das innerer und äußerer Kristallisationspunkt seines pädagogischen Engagements in Jena werden sollte.

Unter seiner Leitung und mit Unterstützung einer Hauswirtschafterin durchlaufen in den folgenden Jahren drei einjährige Lehrgänge mit jeweils neun bis zwölf jungen Arbeitern, überwiegend von den Jenaer Zeiss- und Schottwerken, das Beuthenberg-Heim.

Die Jungarbeiter gehen tagsüber ihrer normalen Berufstätigkeit nach und beschäftigen sich an drei Abenden in der Woche in Form von Arbeitsgemeinschaften mit Problemen aus den Bereichen Staats- und Wirtschaftslehre sowie Naturkunde. Diese intensive wissenschaftliche Schulung teilt sich Reichwein mit Gastlehrern von der Jenaer Volkshochschule. Die Kurse gehen aus von der Lebenswirklichkeit des beruflichen Alltags, sie knüpfen an die Erfahrungen, Probleme und Aufgaben der Arbeiterbewegung und der Arbeiterjugend an und sollen zur »geklärten Einsicht in die größeren Zusammenhänge, in die der einzelne und seine Gruppe hineingestellt sind«[34], führen.

An Sonn- und Feiertagen werden in der Regel gemeinsame Wanderfahrten unternommen, oder es finden gesellige Zusammenkünfte statt, die in die Gebiete von Kunst und Kultur einführen sollen.

Zum selbstverwalteten Gemeinschaftsleben in dem genossenschaftlich geführten Volkshochschulheim gehören eine gemeinsame Heimkasse, in die jeder einen angemessenen Teil seines Lohnes einzahlt, sowie die jede Woche stattfindende Vollversammlung, das »Hausparlament«, an der alle Bewohner des Heims, auch die Wirtschafterin, teilnehmen. Hier werden in offener Aussprache alle Probleme, die das Zusammenleben im Heim betreffen, diskutiert.

Unterbrochen wird die Arbeit Adolf Reichweins in Volkshochschule und Jungarbeiterheim durch eine fast einjährige Forschungsreise 1926/27 um den halben Globus.

Reichwein, der unter der strahlenden Oberfläche seines sehr geschäftigen Lebens noch immer schwer

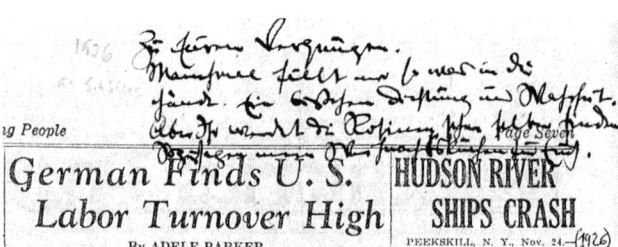

Artikel über Adolf Reichwein in einer in Seattle erscheinenden Tageszeitung (Mitte Dezember 1926) mit handschriftlichen Grüßen Reichweins an die Eltern (links)
Forschungsreise durch Nordamerika mit seinem »fahrenden Hotel«, dem Ford-Modell »T«

an den aufwühlenden Ereignissen in seinem Privatleben trägt, schreibt später über die Motive für seine Weltreise:

»Nach einer mich sehr bedrückenden Katastrophe in meiner engsten Familie bestellte ich mir für meine Jenenser Arbeit einen Vertreter und begab mich auf eine größere Reise. Das Unternehmen – zunächst aus dem Wunsch geboren, Abstand zu gewinnen und in einem ganz neuartigen Tun Frieden zu finden – bekam unter der Hand größere Gestalt. Die Notgemeinschaft der Deutschen Wissenschaft finanzierte mir eine Reise nach Nordamerika, die dem Studium der dortigen Rohstoffwirtschaft dienen sollte. Auf diese Weise wurde mir Gelegenheit gegeben, Untersuchungen zu vertiefen, an denen ich seit Jahren als einem Spezialgebiet arbeitete.«[35]

Am 28. Juli 1926 sticht Adolf Reichwein in Richtung Amerika in See. »(...) das Intermezzo eines ganz freien Lebens kann beginnen«[36], schreibt er erleichtert in einem Brief.

Ausgerüstet mit dem legendären Ford-Modell »T« (»Tin Lizzy«), dem ersten fließbandproduzierten Automobil der Welt, sowie mit einem »fabelhaften photographischen Apparat« von Zeiss startet Reichwein Mitte August von New York aus seine Nordamerika-Expedition.

In seiner autobiographischen Schrift von 1933 schildert er seine Reise durch die USA mit folgenden Worten: »Durch eine sparsame Verwendung meiner Mittel und eine – wenn es unauffällig geschehen konnte – primitive Lebensweise gelang es mir, den Radius meines Unternehmens weiter zu spannen als ursprünglich vorgesehen. Mit Hilfe meines kleinen Autos, das ich als

A. Reichweins Reise nach Nordamerika und Mexiko

Brief Adolf Reichweins vom 22. 12. 1926 an seinen Vater (geschrieben an Bord der »President Madison«)
»Senior officer« auf der »President Madison« (Dezember 1926/Januar 1927) (unten)

fährt mit der Eisenbahn nach Fairbanks und mit dem Hundeschlitten bis an die Beringstraße weiter, wo er sechs Tage lang mit einem Pelztierjäger in einer einsamen zugeschneiten Blockhütte zubringt. Über Kanada kehrt er Anfang Dezember 1926 wieder nach Seattle zurück.

Reichwein gibt seinen ursprünglichen Plan auf, mit dem Auto über Kalifornien nach Mexiko zu reisen, und entschließt sich statt dessen kurzfristig zu einer Ostasienfahrt, um auf diese Weise die fernöstliche Lebenswelt, mit der er sich ja schon seit der Entstehung

'fahrendes Hotel' eingerichtet hatte, konnte ich bis in die einsamsten Täler des nordamerikanischen Kontinents, den ich in großem Zickzack durchquerte, vordringen und mir dadurch ein wirklich gründliches Bild des Landes verschaffen. Trotz zweimaliger schwerer Autounfälle – einmal wurde ich von einem schweren Wagen gerammt und eine Böschung hinabgeworfen, ein andermal stürzte ich in den unwegsamen 'badlands' von Montana so unglücklich ab, daß mein erster Wagen in Trümmer ging – kam ich doch glücklich zu dem pazifischen Hafen von Seattle, wo ich den Entschluß faßte, meine amerikanische Reise zu unterbrechen.«[37]

Von Seattle aus unternimmt Reichwein mit dem Schiff einen abenteuerlichen Abstecher nach Alaska,

seiner Dissertation intensiv beschäftigt hatte, durch eigene Anschauung kennenzulernen.

Am Weihnachtsabend 1926 läßt er sich für zwei Monate als Kadett auf einem amerikanischen Handelsschiff für eine Seefahrt nach Japan, China und den Philippinen anheuern.

An Bord erhält er eine praktische Schiffsoffiziersausbildung:

»Auf die Ostasienfahrt bin ich sogar ein wenig stolz«, schreibt er in einem Brief, »denn ich habe meinen Weg 'durchgearbeitet', als Seemann auf einem amerikanischen 21.000-t-Boot, verstehe jetzt etwas von Navigation, kann ein großes Schiff steuern, bin überhaupt schnell in die Geheimnisse der Seefahrt eingedrungen. Für 4 Wochen avancierte ich zum 'senior officer', als der Mann, den ich ersetzte, krank wurde.«[38]

Nach seiner Rückkehr nach Seattle bricht er sofort mit seinem Auto in Richtung Süden auf und durchquert, zum Teil mit Pferden, auf abenteuerliche Weise Mexiko, das zu dieser Zeit von bewaffneten Bauernaufständen heimgesucht wird.

Im Juni 1927 trifft Reichwein wieder in Jena ein. Zum 1. Juli übernimmt er bereits wieder die Leitung der Jenaer Volkshochschule und des Volkshochschulheims am Beuthenberg.

Als Resultat seiner Forschungsreise veröffentlicht Reichwein 1928 sein 600 Seiten umfassendes wissenschaftliches Hauptwerk »Die Rohstoffwirtschaft der Erde«. 1930 erscheinen neben seinem großartigen Erzählband »Erlebnisse mit Tieren und Menschen« die mehr historisch akzentuierten Bücher »Mexiko erwacht« und »Blitzlicht über Amerika« – insgesamt eine

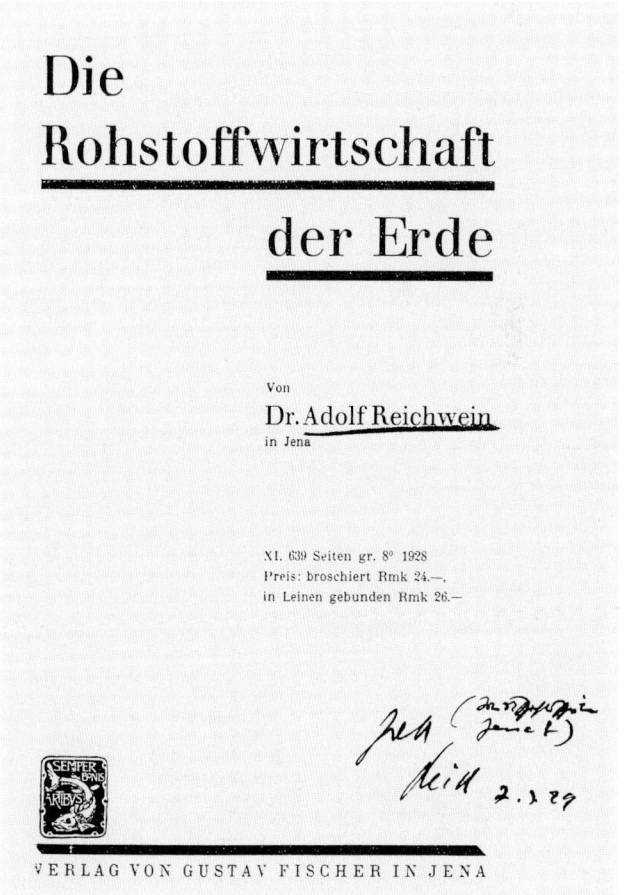

ADOLF REICHWEIN

ERLEBNISSE MIT TIEREN UND MENSCHEN

ZWISCHEN FAIRBANKS, HONGKONG, HUATUSCO

mit 21 Abbildungen

Urania-Verlagsgesellschaft m. b. H., Jena

Vorwort

Wenn wir frühere Erlebnisse aus der Erinnerung wieder ins Licht unseres Bewußtseins zaubern, dann kommen sie wie eine Erscheinung über uns. Und mit diesem Glanz behaftet sollen wir sie an andere weitergeben; ohne zergliedernde Ueberlegung, ohne die Absicht auch, ein moralisches, soziales oder irgendwie anderes Bild der Welt zu demonstrieren. Dann bekommen die kleinen Geschichten unserer hiesigen merkwürdigen Reise, wo immer sie sich auf diesem Planeten ereignet haben, von selbst die Bedeutung und das Gewicht, das allem unmittelbaren Leben gleichermaßen und ohne Unterschied zukommt.

So bitte ich auch diese kleinen Geschichten aufzunehmen: sie sind ohne Absicht zusammengestellt, sie haben keine andere innere Ordnung als eben die, daß ein bestimmter Mensch, daß ich sie erlebt habe. Bei ihrer Wahl selbst hat kein Prinzip zugrunde gelegen. Sie waren da, wie andere da sind. Sie zu erleben setzte voraus, daß ich das Leben in allen seinen Formen liebe, weil diese Liebe allein Erkenntnis bringt. Wenn wir die Ereignisse der Welt, in die wir geboren sind, in ihrer Bedeutung erkennen wollen, müssen wir diese Hingabe an die Dinge besitzen: an unsere Gefährten vor allem, Menschen und Tiere in ihrer tausendfältigen Gestalt.

5

reiche Ernte eines vielseitigen und sachkundigen Wissenschaftlers ebenso wie eines abenteuerlustigen Globetrotters, der mit offenen Sinnen durch die Welt gereist ist.[39]

Reichwein intensiviert sogleich die Arbeit mit den Jungarbeitern im Volkshochschulheim am Beuthenberg und fügt als neue Züge seiner Erziehungsarbeit große, mehrwöchige Auslandsfahrten mit Arbeiter- und Studentengruppen ein, die allerdings mehr den Charakter von Expeditionen trugen.

So unternimmt er im Sommer 1928 zusammen mit zwölf jungen Arbeitern aus dem Beuthenberg-Heim als krönenden Abschluß des zweiten Lehrgangs eine achtwöchige Großfahrt nach Skandinavien, die von den Teilnehmern bereits seit Monaten intensiv vorbereitet worden war.

> **VOLKSHOCHSCHULE JENA**
> CARL-ZEISS-PLATZ 3
> FERNSPRECHER 5055 / POSTSCHECKKONTO: ERFURT 19634
> GESCHÄFTSZEIT: 5-7 / BANKKONTO: STADTSPARKASSE JENA
>
> 3. Jan. 1928
>
> Liebe Karin Ruths!
>
> Sie haben der Bande draussen am Beuthenberg eine grosse Freude gemacht mit Ihrem Weihnachtszweig! Nun, die Schilderung dessen will ich den Burschen selber überlassen. Ach, wenn ich doch mit dem schwedischen Brot zugleich schwedische Vokabeln hätte essen können. Sie sind zwar mindestens so wohlschmeckend, aber schwerer zu verdauen. Immerhin geben Sie bitte nicht alle Hoffnung bei mir auf; wenn ich schwimmen muss, werde ich schwimmen, das ist schon immer so gewesen.
>
> In Ihrem Brief schreiben Sie, dass ich mich an Sie wenden dürfe, wenn wir etwa Wünsche hätten, unsere diesjährige Reise betreffend. Es ist zwar schade, dass wir uns vor Ihrem Trip nach Schweden nicht noch einmal kurz sehen konnten, aber auch wiederum nicht tragisch, denn Sie haben ja die besten Einsichten in die dortigen Umstände, und ich hätte Sie doch im Grunde nur bitten können, nach Ihrem eigenen Gutdünken zu verfahren, wenn Sie so freundlich sein wollen, dort oben etwas für uns zu tun. Konkret kann ich nur sagen, dass wir voraussichtlich doch von Finnland kommend in Nordschweden einfallen werden und uns von dort gen Süden durchschlagen, wobei unter Umständen ein Stückchen Seefahrt an der Küste entlang in Frage käme. Sie wissen ja ganz gewiss, was uns in erster Linie interessiert. Wenn Sie schon ein paar Vereinbarungen treffen könnten, so wäre das sehr schön, besonders zu etwas hätte ich gern Ihren Ratschlag. Unser Heimkurs schliesst eigentlich am 15. Juni und von uns aus wäre es am schönsten, wenn wir dann sofort die Reise antreten könnten. Das heisst, wir wären im Juli in Schweden. Jetzt höre ich von Frl. Blomeyer, dass dies dort Ihr Ferienmonat ist. Würde uns das schaden, würde es uns nützen? Im Notfalle müssten wir verschieben.
>
> Am Ende möchte ich Ihnen noch persönlich für Ihre guten Wünsche danken, im Riesengebirge gefälligst nicht abzustürzen. Es ist keinerlei Grund zur Sorge da, da Jena mich festhält, Deutschland gross und das Riesengebirge weit ist.
>
> Da ich leider nicht in der Lage bin, Ihre Weihnachts- und Neujahrswünsche in schönem Schwedisch zu erwidern, so tue ich es hiermit, banal, aber nicht minder schön in Deutsch.
>
> Adolf Reichwein

Die Reiseroute führt zunächst per Schiff von Lübeck aus über Kopenhagen nach Oslo und mit der Eisenbahn anschließend über Bergen im westlichen Norwegen bis nach Trondheim. Mit dem Schiff geht es weiter in verschiedene norwegische Fjord-Häfen um das Nordkap herum bis nach Kirkenes. Nach einem äußerst strapaziösen Fußmarsch quer durch das menschenleere Lappland, der unbestrittene Höhepunkt der Reise, von Reichwein später unter dem Titel »Hunger-

gegenüberliegende Seite:
Bergtour im norwegischen Jotunheimen-Gebirge; im Hintergrund der Glittertind 2465m (Mitte: Adolf Reichwein)(links)
Fußmarsch im Norden Finnlands (vorne: Adolf Reichwein) (rechts)
Besuch der Internationalen Volkshochschule in Helsingör in Dänemark während der Skandinavienfahrt im Sommer 1928 (vorne rechts: Adolf Reichwein) (rechts)

Brief des Leiters der »Volkshochschule Jena«, Adolf Reichwein, vom 3. 1. 1928 an Karin Ruths, die die Jungarbeiter im Volkshochschulheim zur Vorbereitung der Skandinavienfahrt in Schwedisch unterrichtete

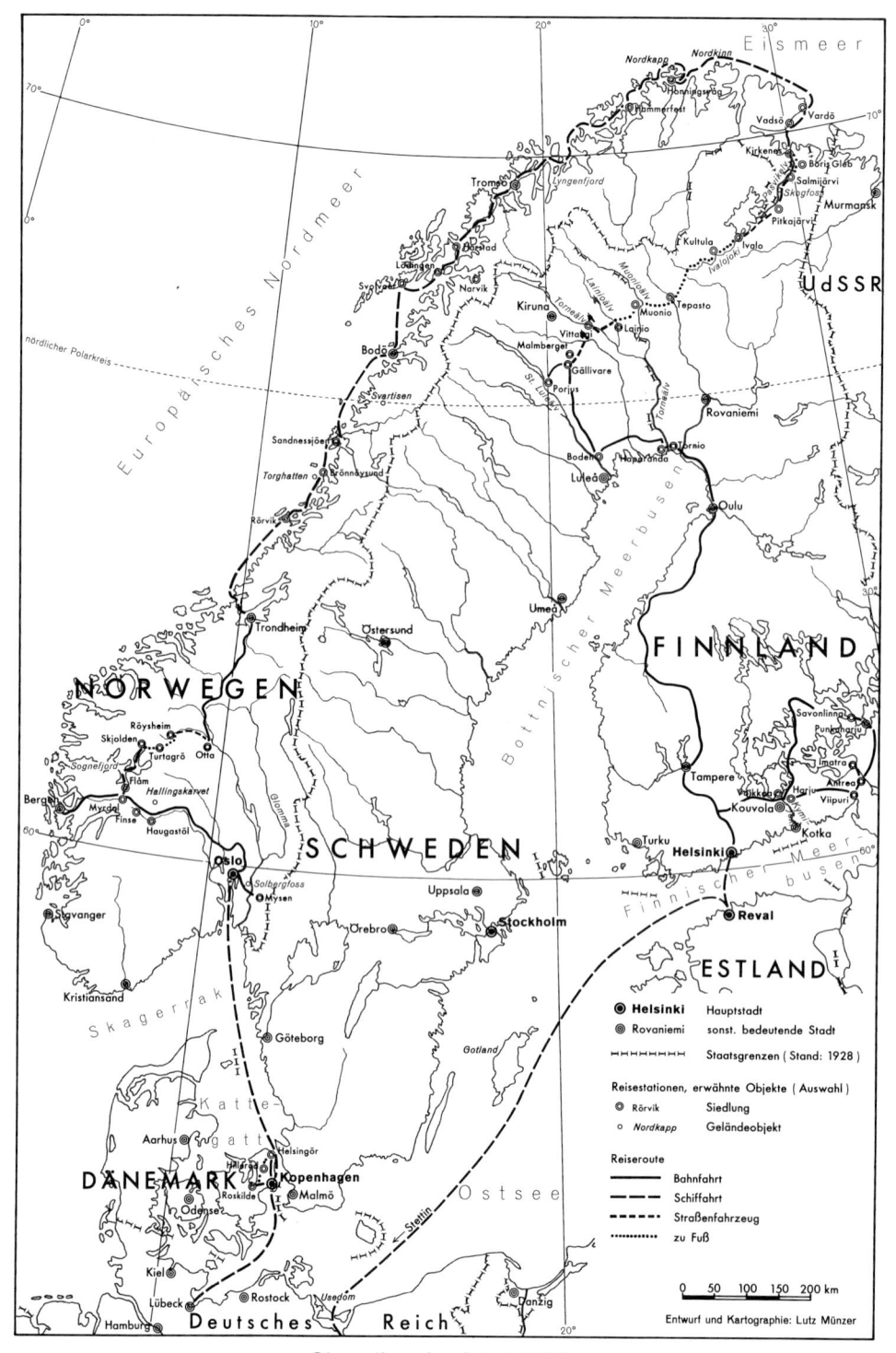

Skandinavienfahrt 1928

Lagerplatz in Lappland
Der tollkühne Flieger mit seiner »silver cloud« (1930/31)
(rechts)

marsch durch Lappland« als Erzählung veröffentlicht, erreicht die Gruppe schließlich die Eisenerzbergbaustädte Kiruna und Gällivare in Nordschweden.

Die Gruppe reiste anschließend noch durch Mittel- und Südfinnland, um die Städte Oule, Tampere und die Hauptstadt Helsinki zu besuchen. »In der Entscheidung gibt es keine Umwege«, lautet einer der Kernsätze seiner Lappland-Erzählung, ein Grundsatz, der eine Art Lebensmotto für ihn war, und der in seiner letzten Lebensphase im Widerstand gegen den Nationalsozialismus tragische Bedeutung erlangen sollte.

In einem Brief vom 6. August 1928 aus Finnland an seinen Freund *Albert Krebs* schildert Reichwein »jene Durchquerung Lapplands von der Kolahalbinsel nach der Muoniojoki, Luftlinie etwa 400 km, die infolge einer Ablenkung unserer Kompasse durch unbekannte Magneteisenlager uns ziemlich an den Rand des Ertragbaren führte. Acht Tage nur Wasser und Sumpf und Regen und Kälte, Flußdurchquerung bis zur Brust, Sümpfe bis zum Oberschenkel, Anspannung der Gruppe bis zur letzten Muskel- und Nervenfaser. Die letzten Tage Birkenlaub mit folgendem Erbrechen. Und endlich, als vier Mann am Zusammenbrechen waren und ich alle noch gegen ihren Willen durch einen letzten Sumpf gepeitscht hatte, in der Ferne ein Bauernhaus. Wir waren gerettet. Später habe ich die Schar wieder restauriert, es gibt viel davon zu erzählen. Neue ungeahnte Erfahrungen, praktische Psychologie en masse.«[40]

Fast 8000 km, teils per Schiff, zu Fuß, mit Bahn oder Auto bewältigt, liegen hinter den 13 Abenteurern, als sie nach acht Wochen wieder in Jena eintreffen.[41]

Die Erfahrungen bei dieser Expedition sind, wie Reichwein später resümiert, »für alle Teilnehmer schlechthin lebensbestimmend geworden«.[42]

Unmittelbar nach seiner Rückkehr beginnt Reichwein noch im August 1928 eine Flugausbildung, und schon kurze Zeit später kauft er sich ein eigenes kleines Sportflugzeug, das er selbst liebevoll »silver cloud« nennt. Nun war es ihm, dem vielgefragten Referenten vor zumeist jugendlichem Publikum, nicht nur möglich, seine oft weit entfernten Vortragsorte rascher zu erreichen, vielmehr erschloß ihm die kleine »Klemm« - so die offizielle Bezeichnung des Flugzeugtyps – eine ganz neue Dimension des Welterlebens, das glückliche »Adlergefühl« der Freiheit, die Unabhängigkeit von Zeit und Raum. on seiner fliegerischen Leidenschaft legen zahlreiche Briefe Zeugnis ab, die von wagemutigen Flügen berichten, die den zuweilen tollkühnen Piloten Reichwein mehr als einmal in tödliche Gefahr brachten. So schreibt er in einem Brief vom 18. März 1930 an den bedeutenden Romanisten Ernst Robert Curtius, den Reichwein während seines Studiums als Professor in Marburg kennengelernt hatte und der zu seinen engsten Freunden zählte:

»[...] ich habe drei Mal die Alpen in meinem kleinen tapferen goldenen Vogel angegriffen und drei Mal bin ich zurückgeschlagen worden. Der Kampf war zu un-

Leiter der Volkshochschule Jena (1928/29)

gleich. Ich kam in München an, als West- und Südsturm sich kreuzten. Gestern habe ich den letzten Versuch gemacht, drang gegen wütenden Föhn bis Innsbruck und wurde über diesem teuflischen Föhnloch drei Stunden in 3.500 m Höhe wie ein Blatt Papier herumgeworfen, hilflos der Natur überantwortet. Was Natur ist? Gestern hat sie nur Gnade vor Recht ergehen lassen. Der Föhn warf mich wie einen Spielball 800 m in dieses furchtbare Tal hinab und trieb mich drüben wieder hoch, daß mir die Sinne vergingen. Es hörte auf ein Kampf zu sein. Weißt Du, so lange man kämpfen kann – aber wenn Dir die Waffen aus der Hand geschlagen sind und der Föhn brüllt nur vor Verachtung über Deine Steuer, die Du ausschlägst bis an die Wände Deiner Luftzelle, und es ist, als ob nichts geschähe; dann erst kommt die tödliche Verzweiflung. Ich glaubte nicht mehr, je die Erde wiederzusehen. Es ist einfach unbeschreiblich [...]. Wie ich nach München zurückkam, den Föhn (die Bestie heißt 'Föhn', ach, welch schlechter Scherz der Sprache!) – diesen Föhn im Rücken, der das Flugzeug steil, Kopf unten, vor sich hertrieb – das weiß ich nicht. Ich war zerknirscht bis aufs äußerste. Geschlagen. Und dann sagten alle diese edlen bayerischen Offiziere, sie hätten es beim Start für unmöglich gehalten, daß ich je wieder heil zur Erde käme! Wohlan, ich bin wieder da.«[43]

1933 hat Reichwein seine geliebte kleine Maschine verkauft, als er ein Hakenkreuz auf ihr anbringen sollte.

Reichwein hinterläßt nach vier Jahren engagierter pädagogischer Arbeit in Jena eine gut bestellte Volkshochschule mit zum Teil von ihm selbst erst neugeschaffenen Sonderabteilungen, wie der Wirtschaftsschule und dem Volkshochschulheim. Die Volkshochschule hat in dieser Zeit einen bemerkenswerten »äußeren Aufschwung« genommen: als er 1929 nach Berlin geht, zählt sie ca. 1.300 feste Kursteilnehmer in etwa 60 Arbeitsgemeinschaften pro Trimester. Und die von ihm während der insgesamt sechsjährigen Tätigkeit in Jena entwickelte Arbeiterbildungskonzeption gehörte zu den am meisten beachteten und diskutierten Volkshochschulmodellen unter den Erwachsenenbildnern der Weimarer Republik.

IV. Volksschullehrerbildung in Berlin und Halle/Saale und politisches Engagement in der Phase der Auflösung und Zerstörung der Weimarer Republik (1929-1933)

1. Leiter der Pressestelle und persönlicher Referent des preußischen Kultusministers Carl Heinrich Becker in Berlin

Am 7. März 1929 folgt Reichwein einem Ruf ins preußische Kultusministerium in Berlin: Er übernimmt die Leitung der Pressestelle und wird persönlicher Referent des preußischen Kultusministers *Carl Heinrich Becker*. Um den dritten Heimlehrgang noch abschließen zu können, bleibt er bis zum Sommer 1929 gleichzeitig Leiter der Volkshochschule und des Jungarbeiterheims in Jena. Wöchentlich pendelt er mit seinem Sportflugzeug zwischen Berlin und Jena hin und her.

C. H. Becker wirkte bereits seit etwa einem Jahrzehnt mit leidenschaftlichem Engagement und großem politischen Geschick für eine Erneuerung preußischer Kulturpolitik, vor allem für eine grundlegende Reform des preußischen Bildungswesens im Sinne der Weimarer Staatsverfassung. Kernstück seiner weitausholenden Neubelebungsversuche auf den Gebieten von Wissenschaft, Bildung und Kultur wurde die Neuordnung der Volksschullehrerbildung in Preußen durch die Errichtung Pädagogischer Akademien, die die reformpädagogischen Ansätze, wie sie seit der Jahrhundertwende von Vertretern etwa der Kunsterziehungs-, der Landerziehungsheim- und Arbeitsschulbewegung entwickelt wurden, aufnehmen, reflektieren und erproben und durch die Umsetzung in die Unterrichtspraxis über den Weg der Lehrerbildung schließlich zur radikalen Überwindung der wilhelminischen »Pauk- und Drillschule« führen sollten. In den Akademien sollten daher Praxisvermittlung, methodisch-didaktische, künstlerisch-technische und fachwissenschaftliche Ausbildung und staatsbürgerliche Erziehung im Geiste der demokratischen Republik zusammenwirken.

Brief des persönlichen Referenten des preußischen Kultusministers C. H. Becker vom 17. 5 1929

Zur Zeit von Reichweins beruflichem Wechsel in das preußische Kultusministerium war die erste Phase, das Versuchsstadium der vier 1926/27 gegründeten Pädagogischen Akademien ausgelaufen, und die drei ersten Akademien hatten gerade ihre ersten Abschlußexamina hinter sich. In der nun beginnenden zweiten Phase im Frühjahr 1929 wurde mit der Gründung von vier weiteren Akademien diese Ausbildungsform in die Regelausbildung übergeleitet. Diesen sollten 1930 noch einmal sieben Pädagogische Akademien in Beuthen, Cottbus, Hamburg-Altona, Frankfurt/Oder, Kassel,

Stettin und in Halle/Saale folgen, die sich jetzt noch in der Planungsphase befanden. An dem organisatorischen und personellen Aufbau dieser sieben letzten Pädagogischen Akademien, die Ostern 1930 eröffnet wurden, ist Reichwein maßgeblich beteiligt.

Ende Januar 1930 mußte der parteilose Becker seinen Ministersessel aus parteipolitischen Gründen räumen; wenige Tage später reicht auch Reichwein sein Rücktrittsgesuch ein und scheidet nach einjähriger Tätigkeit Ende März 1930 aus seinem Referentenamt aus.

2. Professor für Geschichte und Staatsbürgerkunde an der Pädagogischen Akademie in Halle

Noch im April 1930 wird Reichwein vom neuen preußischen Kultusminister, dem Sozialdemokraten Adolf Grimme, als Professor für Geschichte und Staatsbürgerkunde an die neugegründete Pädagogische Akademie in Halle an der Saale berufen.

Die offizielle Eröffnungsfeier der Hallenser Pädagogischen Akademie findet am 10. Mai 1930 im Beisein von Kultusminister Grimme statt.

Das Lehrerkollegium, das der neu eingesetzte Direktor der Pädagogischen Akademie Halle, Julius Frankenberger, weitgehend unabhängig von ministeriellen Direktiven nach seiner Wahl zusammenstellen konnte, umfaßte mit Reichwein elf hauptamtlich und vier nebenamtlich Lehrende, darunter die Vertreter der »Geisteswissenschaftlichen Pädagogik« und Herman-Nohl-Schüler *Elisabeth Blochmann, Herbert Kranz* und *Georg Geißler*, der als Rektor zugleich die Akademieschule leitete. Ihnen standen im ersten Jahr der Akademiearbeit 83 Studierende – darunter zwanzig Studentinnen – gegenüber, die aus über tausend Abiturienten ausgesucht worden waren.[44]

Ostern 1931 werden weitere 79 Studenten neu aufgenommen, die Zahl der hauptamtlich Lehrenden wird auf 13 erhöht. Auch an den vierzehn anderen Akademien werden noch einmal Neuaufnahmen durchgeführt, doch schon im Winter 1931/32 beginnen infolge der staatlichen Sparpolitik zur Bewältigung der Wirtschaftskrise Maßnahmen zum Abbau der Pädagogischen Akademien, die auch die Akademie in Halle treffen. Von den insgesamt fünfzehn Pädagogischen Akademien werden acht nach Abschluß des Wintersemesters 1931/32 geschlossen. Die weiterbestehenden sieben Akademien, darunter diejenige in Halle/Saale, übernehmen einen

Das Dozentenkollegium der Pädagogischen Akademie in Halle/Saale: links außen Adolf Reichwein; rechts neben ihm Rosemarie Pallat (Dozentin für Leibesübungen für Mädchen), seine spätere Ehefrau; dahinter Elisabeth Blochmann (Prof. f. Pädagogik); rechts daneben Hans Hoffmann (Prof. f. Musik); vorne links Fritz Kauffmann (Prof. f. Kunsterziehung); vorne in der Mitte Frau Gertrud Fritzsche (Dozentin für Leibesübungen für Mädchen); vorne rechts Martin Rang (Prof. f. Religionswissenschaft); links dahinter Herbert Kranz (Prof. f. Spracherziehung); links dahinter Georg Geißler (Prof. f. Pädagogik); links daneben Julius Frankenberger (Akademiedirektor); links dahinter Karl von Hollander (Prof. f. Biologie); links dahinter Fritz Maschek (Prof. f. Psychologie).

Während eines Skilagers mit Studenten im Riesengebirge (Winter 1931/32)

Teil der Dozenten und auch die Ausbildung der 1931 neu aufgenommenen Studenten der geschlossenen Akademien. Neuaufnahmen finden zu Ostern 1932 nicht mehr statt.[45]

Durch die Umverteilung der Studierenden und Lehrenden wird der zweite Jahrgang der Lehrerstudenten in Halle um insgesamt 126 erweitert, die überwiegend von den Pädagogischen Akademien Cottbus und Erfurt kommen; die Zahl der hauptamtlich angestellten Dozenten erhöht sich von 13 auf 19. Die Umstrukturierungsmaßnahmen haben den Ablauf des Lehrbetriebs erheblich beeinträchtigt.

Die drei Hallenser Jahre von 1930 bis 1933 in der akademischen Lehrerbildung stellen zumindest äußerlich einen glanzvollen Höhepunkt in Reichweins Biographie dar, wenngleich die sich zuspitzende politische und sozial-ökonomische Entwicklung einen immer längeren Schatten auf seine pädagogische Arbeit wirft und ihn nun in der krisengeschüttelten Endphase der Weimarer Republik in zunehmendem Maße zu verstärktem politischen Engagement herausfordert.

Von der gesellschafts- und bildungspolitischen Grundüberzeugung ausgehend, »daß ein Volk im Stadium entfalteter Verkehrswirtschaft und weit differenzierter Produktion nicht mehr autoritär regiert werden kann, sondern nur noch auf dem Grund autonomer Verantwortung jedes einzelnen zu führen ist«[46], stellt der Professor für Geschichte und Staatsbürgerkunde, Adolf Reichwein, seine Tätigkeit an der Pädagogischen Akademie in Halle von Anfang an unter das politisch-pädagogische Leitmotiv einer Erziehung junger Menschen zu geistig und sittlich mündigen, d.h. zu sozial verantwortungsbewußten, urteils- und entscheidungsfähigen Staatsbürgern in einer modernen Industriegesellschaft. In seinem Verständnis bildete die Pädagogische Akademie »das Kernstück in einer auf freiheitliche Demokratisierung zielenden Bildungspolitik«.[47]

Vehement und leidenschaftlich verteidigt Reichwein die Akademien in Preußen gegen die staatlich angeordneten Abbaumaßnahmen im Herbst 1931, eindringlich warnt er vor einer antirepublikanisch-autoritären Wende in der Staats- und Bildungspolitik. Mit Entschiedenheit tritt er den konservativ-deutschnationalen Einwänden gegen die akademische Lehrerbildung entgegen und prangert dabei zugleich die Strategie bewußter Bildungsbegrenzung an, wie sie aus politischen Motiven von den immer stärker werdenden großdeutsch-völkischen, antidemokratischen Kräften verfolgt wurde: »Die Parteien der Rechten haben seit jeher den Akademien grundsätzlich ablehnend gegenübergestanden; sie wollten wieder das Seminar (...), weil die Erziehung einer breiten Lehrerschaft zu geistiger und politischer Autonomie etwas Unheimliches für sie hat.«[48]

Besonders anschaulich werden die von Reichwein angestrebten Bildungsziele am Beispiel des Faches »Gegenwartskunde«, das er im Rahmen seiner Lehrtätigkeit für Geschichte und Staatsbürgerkunde an der

Kinderfest zum Abschluß eines Landschulpraktikums im Waisenhaus in Langendorf bei Weißenfels im Juli 1932
Exkursion mit Studenten im Juli 1931; Zeltlager in Treseburg (zweiter von links: Adolf Reichwein) (unten)

Pädagogischen Akademie in Halle zu vertreten hatte. Es entsprach im Veranstaltungsangebot anderer Akademien und Hochschulen dem dort vertretenen Lehrfach »Volkskunde«, das auch unter der Bezeichnung »Gegenwartsvolkskunde« angeboten wurde.

Das Fach »Gegenwartskunde« war von Anfang an ein stark ideologisch befrachtetes Fach, das mit seiner Reduzierung auf eine reine »Bauernkunde« seinen Vertretern häufig der Vermittlung traditioneller Wertvorstellungen, der Stärkung des »Heimatbewußtseins« und des »Volkstumsgedankens« diente und mit der »Verknüpfung von 'Volkstum', 'Rasse' und 'Blut-und-Boden-Mythologie'«[49] zunehmend in den Einflußbereich nationalsozialistischer Ideologie geriet.

Reichweins Gegenwartskunde hingegen war soziologisch und wesentlich wirtschaftskundlich akzentuiert und hatte eine stark sozialreformerische Ausrichtung:

Die von ihm ausgebildeten Lehrer sollten Volkserzieher sein, sollten sowohl in agrarischen als auch in industriellen Gebieten soziale und politische Aufklärung im emanzipatorischen Sinne über die Schule hinaus betreiben. Die Schärfung des kritischen Urteilsvermögens durch intensive wissenschaftliche Schulung und eigene Anschauung war dafür die unabdingbare Voraussetzung.

»Praktisch unterbaut« wurde die theoretische Schulung in der Gegenwartskunde bei Reichwein »durch die 14tägigen Besichtigungen ländlicher Betriebe im Sommer und industrieller im Winter«. Diese Exkursionen, die meistens samstags stattfanden und von Reichwein und dem Religionsdozenten Martin Rang betreut wurden, führten die Studenten zu wirtschaftlich und sozial exemplarischen Betrieben, zu »industriellen Werken unterschiedlicher Struktur, zu kleinen Landwirtschaftsbetrieben bis zum Super-Rittergut mit 36.000 Morgen«.[50] Durch die Besichtigungen sollten die Studenten die Arbeitssituation der Bevölkerung kennenlernen, deren Kinder sie später unterrichten würden.

Wie Reichwein 1931 darlegt, führten diese Unternehmungen auch »vielfach schon in das Gebiet der

Politisch-pädagogischer Kurs bei Fritz Klatt in Prerow auf dem Darß vom 21. 8.-4. 9. 1932 (Bildmitte im Hintergrund: Adolf Reichwein; vorne rechts: Professor August Messer von der Universität Gießen)

Sozialpädagogik, über Genossenschaften und Arbeitsämter, Gefängnisse und Arbeitsfürsorgen, um nur einiges herauszugreifen. Damit schließt sich der Kreis wieder zum Pädagogischen. Auf dieser Linie also geschieht die theoretische Konfrontierung des Studenten mit den Aufgaben seiner erzieherischen Praxis.«[51]

Die Gegenwartskunde sollte nach seiner Auffassung zur politischen, sozialen und ökonomischen Bildung der Studierenden beitragen, wobei er in der Analyse der sozialen, politischen und wirtschaftlichen Zusammenhänge der Gegenwart die Voraussetzung für ein kritisches Bewußtsein und den Ausgangspunkt für gesellschaftliche Reformversuche sah.

Einer vorwiegend aufklärerischen Intention dienten auch die freien politischen Arbeitsgruppen an der Pädagogischen Akademie in Halle und die wöchentlichen Diskussionsveranstaltungen am Dienstagabend über aktuelle politische und wirtschaftliche Fragen, die sogenannten »Teeabende«, zu denen Adolf Reichwein Studenten und Studentinnen, Dozentenkollegen und gelegentlich auch junge Arbeiter und Arbeitslose zu sich nach Hause einlud.

Wie wertvoll diese Ausspracheabende waren für die politische Bewußtseinsbildung der politisch oftmals gänzlich unbedarften jungen Studenten zumeist bürgerlicher Herkunft, macht die Bemerkung einer ehemaligen Studentin deutlich: »Einem Teil der Studenten, zu denen auch ich gehörte, ist an diesen Abenden der Blick geöffnet worden für politische und wirtschaftliche Zusammenhänge, und unsere Interessen sind auf ein Gebiet gelenkt worden, das uns bis dahin fremd gewesen ist.«[52]

Doch Reichwein blieb nicht bei der theoretischen Klärung der Gegenwartsprobleme stehen, er verlangte von seinen Studenten auch die praktische Umsetzung sozialer und politischer Erkenntnis in die Wirklichkeit des Alltags, er versuchte, ihr politisches und soziales Engagement zu aktivieren. Dazu gehörte in diesen Jahren der sich zuspitzenden politischen, sozialen und wirtschaftlichen Krisen auch die Anregung von volkshochschulartigen Arbeitsgemeinschaften der Studenten mit den zahlreicher werdenden Arbeitslosen, deren Zahl im Gefolge der Weltwirtschaftskrise im Winter 1932 die Sechsmillionengrenze in Deutschland überschritt.

Neu eingeführt in den Lehrbetrieb der Pädagogischen Akademie in Halle hat Reichwein die »Lager- und Wandererziehung«, die schon bald auch von anderen Akademien übernommen wurde. »Unter primitivsten Verhältnissen« wurden »unter der Führung jüngerer Dozenten und Professoren«, zumeist unter Adolf Reichweins verantwortlicher Leitung, Ferienlager veranstaltet: im Winter Skilager in den Bauden (=Berghütten) des Riesengebirges und im Sommer Zeltlager an der See, zumeist bei seinem Freund *Fritz Klatt* in dessen Freizeitheim in Prerow auf der Halbinsel Darß an der Ostsee. Auch die sommerlichen Landschulpraktika und die sozialpädagogischen Praktika mit schwierigen Kindern, wie sie Reichwein angeregt hatte, wurden

45

Erinnerungen der ehemaligen Kollegin von Adolf Reichwein an der Pädagogischen Akademie in Halle/Saale, der Dozentin Elisabeth Blochmann (1892-1972). Frau Blochmann ist nach 1933 nach England emigriert, wo sie als Dozentin an der Universität in Oxford tätig war; von 1952 bis 1962 war sie die erste Ordinaria für Pädagogik in Westdeutschland an der Marburger Philipps-Universität (Typoskript um 1950)

bereits weitverbreitet in Form von mehrwöchigen Zeltlagern durchgeführt.

Reichwein wurde in der Akademie »eine Art Zentralfigur«, erinnert sich die ehemalige Hallenser Studentin *Susanne Suhr* und fährt fort: »Seine besondere Stärke war es, statt vom professoralen Kathedersockel herab zu dozieren, mit den Studenten als ein 'primus inter pares', als ein Kamerad zu leben und zu diskutieren. Er liebte diese Diskussionen.«[53]

Noch gesteigert wurde die Begeisterung für ihn seitens der Kollegen und Studenten durch seine fliegerischen Abenteuer, wenn der »Flugzeugprofessor«, wie er von vielen liebevoll genannt wurde, in der selbstgesteuerten Maschine die Exkursionen begleitete, zu Vorträgen kam oder unverhofft im Zeltlager auftauchte. Über die menschlichen Qualitäten Adolf Reichweins als Lehrerbildner und über die Ausstrahlung seiner Persönlichkeit legt die Erinnerung der ehemaligen Hallenser Studentin *Gertrud Penner* beredtes Zeugnis ab:

»Unvergeßlich wird mir ein Ferienkurs bleiben, den er in Prerow/Darß im Volkshochschulheim von Fritz Klatt leitete. Unsere Hallenser Gruppe fuhr geschlossen dorthin. Reichwein wurde mit seinem Flugzeug er-

Rosemarie Pallat, die spätere Ehefrau Reichweins (links), mit Elisabeth Blochmann an der Saale bei Halle (um 1932)

wartet, aber er kam und kam nicht. Schließlich die Nachricht, er habe einen Unfall mit seinem Flugzeug gehabt. Als er dann endlich nach Tagen, noch sehr mitgenommen von seinem Sturz, mit der Bahn ankam, stellte sich heraus, daß das Unglück nur geschehen war, weil er trotz Warnung von seiten des Wetterdienstes auf dem Flugplatz in Süddeutschland abgeflogen war, um rechtzeitig den Kursus eröffnen zu können und uns nicht warten zu lassen. Von diesem Kursus (Politik und Erziehung 1932), an dem junge Menschen aus allen Ständen, Schichten und Parteien teilnahmen, ist mir weniger von der rein wissenschaftlichen Arbeit in Erinnerung geblieben als vielmehr das rein menschliche, persönliche Verhalten Reichweins. Er lebte mit uns Hallensern zusammen in einem Zeltlager am Strande, das er genau organisiert hatte, um die Teilnehmerkosten für den einzelnen auf ein Minimum herabzudrücken. Abends saß er mit uns in einem Zelt und erzählte von seinen Erlebnissen, er machte mit uns Sportspiele am Strande, er ging mit uns in die Strandhalle zum Tanz, veranstaltete Segelfahrten – kurz, er teilte vollkommen unser Leben. Immer wieder traf man ihn in ernstem, sachlich-klärendem Gespräch mit jungen Menschen aus den verschiedensten politischen Lagern, und immer wieder war es das Schönste für uns, wenn Reichwein unter uns saß und erzählte. Am Abend des Sonnenwendtages saßen wir alle um ein großes Feuer am Strande. Nachdem wir viele schöne Volkslieder gesungen hatten, fing er an zu erzählen: von Wolfsjagden in Alaska, abenteuerlichen Seefahrten nach den Philippinen, Seltsamkeiten in Japan, Wanderungen durch Lappland. Wir hatten so um ihn geschart gesessen, bis im Osten sich der Himmel wieder rötete, und hatten gar nicht bemerkt, wo die Zeit geblieben war (...). Reichwein war dazu geschaffen, junge Menschen zu erziehen und zu führen. Ich glaube, gerade seine jugendliche Kühnheit, sein alle Schwierigkeiten überwindender Wille, sein Drang, immer Neues kennenzulernen – die ganze Welt – und der Hauch von tatsächlich erlebten Abenteuern, der ihn umwehte, machten uns jungen Menschen den 'Flugzeugprofessor' anziehend. Daß er mit uns lebte, alles mit uns teilte, unser Kamerad war, gab ihm den starken Einfluß, den er auf uns hatte. Charakteristisch für ihn war ja auch, daß er in Halle seine Wohnung mit einem Studenten teilte, der sehr mit dem Geld rechnen mußte. Dieser junge Mensch blieb immer sein Kamerad, wurde nie der von ihm abhängige Schüler. Vor unserer Abschlußprüfung stand uns – wenn er nicht gerade selbst zu arbeiten hatte – seine Wohnung immer offen, wenn wir in besonderer Ruhe unsere intensive Arbeit zur Prüfung machen wollten.«[54]

Die eindrucksvollen Erinnerungen und Berichte ehemaliger Studenten und Dozentenkollegen Reichweins lassen nicht erahnen, unter welch extremen äußeren Bedingungen sich Reichweins Lehrerbildungsarbeit vollzogen hat, unter welch enormen persönlichen Anspannungen er in diesen drei Jahren in Halle gestanden hat. Denn die politische Krise der Weimarer Republik hatte sich in dieser kurzen Zeit dramatisch verschärft und Reichwein immer weniger Zeit und innere Ruhe für seine pädagogische Arbeit in der Akademie gelassen; die wachsende Bedrohung für die Weimarer Demokratie drängte ihn zu verstärktem Engagement auch im politischen Bereich.

Bereits zu Beginn seiner Lehrtätigkeit an der Pädagogischen Akademie in Halle/Saale war Adolf Reichwein der SPD beigetreten. Wie so viele seiner Generationsgenossen mit einem verwandten biographischen Erfahrungshintergrund, der doch ganz wesentlich durch das Gemeinschaftserlebnis in der Jugendbewe-

Brief Adolf Reichweins vom 28. 11. 1931 an seinen Freund, den Romanisten Ernst Robert Curtius

gung bestimmt war, hatte er lange Zeit gezögert, sich parteipolitisch zu binden. Noch zwei Jahre zuvor, im September 1928, hatte er auf einer Tagung verschiedener Bünde aus der Jugendbewegung auf die Frage nach seinem persönlichen Verhältnis zu den sozialistischen Parteien in der für ihn typischen Art erklärt, er werde sich »an der Peripherie des Sozialismus als Freibeuter ansiedeln«.[55]

Erst jetzt im Oktober 1930, unmittelbar nach dem sensationellen Erfolg der NSDAP bei den Septemberwahlen, gibt Adolf Reichwein seine parteipolitische Zurückhaltung auf und wird Mitglied der SPD. Der verhängnisvolle politische Erdrutsch 1930 war für viele politisch aufgeschlossene und engagierte Intellektuelle wie Reichwein ein Alarmzeichen für den Grad der Bedrohung der Republik. Die SPD erschien ihnen nun – trotz aller Vorbehalte gegen die »Verbürgerlichung, Verbonzung, Unjugendlichkeit«, die der Soziologe Sigmund Neumann schon 1932 als Wesensmerkmale der seinerzeitigen Sozialdemokratie festgestellt hatte[56] – angesichts der wachsenden Gefahr als das einzige realistische politische Gegengewicht gegen die aufsteigenden nationalistisch-völkischen Bewegungen, als die einzige politische Kraft, die die demokratische Verfassung und das parlamentarische System zu verteidigen versuchte.

Mit seiner überwiegend aus ethisch-humanitären, von der Würde des einzelnen Menschen ausgehenden Überzeugungen gespeisten politischen Auffassung von einem freiheitlich-demokratischen Sozialismus fühlte sich Adolf Reichwein innerhalb der SPD besonders einer Gruppe aktiver und zumeist jüngerer Reformsozialisten zugehörig, die aus dem jungsozialistischen »Hofgeismarkreis«, aus dem »Leuchtenburgkreis« und aus dem Kreis der »Religiösen Sozialisten« kamen und die sich seit 1929/30 um die von *Paul Tillich, Eduard Heimann, Fritz Klatt* und *August Rathmann* herausgegebene Zeitschrift »Neue Blätter für den Sozialismus« neu formierten. Ihr politisches Wirken zielte auf eine grundlegende Reformierung der Sozialdemokratie und ihrer Politik. Sie forderten die SPD auf, ihre radikalen Sozialisierungsbestrebungen aufzugeben und diese nur auf die Großindustrie zu beschränken, um sich auf dem Weg zur Volkspartei auch den bürgerlichen Mittelschichten und den Bauern zu öffnen, die sonst immer stärker in den Sog des Nationalsozialismus gerieten. Als Vertreter der »Neuen Blätter für den Sozialismus« und deren politischer Positionen nimmt Reichwein im Oktober 1932 an einer Tagung auf der Leuchtenburg bei Jena zu dem Thema »Mit oder gegen Marx zur deutschen Nation?« teil.

Nicht nur in öffentlichen Diskussionen und politischen Vorträgen in Halle, Leipzig, Berlin und anderswo, sondern auch in seinen Vorlesungen und Seminaren an der Pädagogischen Akademie Halle setzt sich Reichwein entschieden mit dem Nationalsozialismus, seinen ideologischen Versatzstücken, Scheinlösungen, Phrasen und Schlagworten auseinander. Schon früh

Professor Adolf Reichwein mit Studenten der Pädagogischen Akademie Halle/Saale (1930/31) (links)
Brief Adolf Reichweins vom 4. 3. 1933 an seine Bekannte Bettina Israel

Entlassungsschreiben vom 24. 4. 1933 (links)
Aus: Deutsche Allgemeine Zeitung vom 28. 4. 1933

warnt er vor dem »neuen, lebensgefährlichen Kollektivismus der Blutjünger, für die Blutverehrung und Blutvergießen gleichermaßen Ersatz für Geist und Religion ist«[57], wie er in einem Brief an seinen Freund Ernst Robert Curtius schreibt. Immer wieder appelliert er an das politische und soziale Verantwortungsgefühl der Studenten und ruft angesichts der zunehmenden Brutalisierung und Radikalisierung der politischen Kultur in diesen Jahren zu Mäßigung und Toleranz auf.

Während die Mehrheit der deutschen Hochschullehrer wie bisher im Glauben an die Objektivität der Wissenschaft in einem positivistischen Wissenschafts- und apolitischen Berufsverständnis verharrte und ein erschreckend großer Teil der Professoren der Republik gegenüber sogar offen feindlich eingestellt war, gehörte Adolf Reichwein mit seinem Engagement in der praktischen, politisch-aufklärerischen Bildungsarbeit innerhalb und außerhalb der Hochschule zu der kleinen Gruppe deutscher Professoren, die nicht nur ein neues, realistisches politisches Bewußtsein und Formen politischer Mitverantwortung zu entwickeln versuchte, sondern die sich angesichts der politischen Gefahren auch offen und ausdrücklich zur Weimarer Republik bekannte und für dieses Bekenntnis öffentlich stritt.

Doch der Prozeß der Auflösung und Zerstörung der ersten deutschen Republik schien trotz aller verzweifelten Versuche zu ihrer Rettung kaum mehr aufzuhalten. Und als am 30. Januar 1933 der 85jährige Reichspräsident *von Hindenburg* den »Führer« der NSDAP, *Adolf Hitler*, überraschend zum Chef einer Koalitionsregierung der »nationalen Konzentration« ernannte, sollte es nur noch wenige Monate dauern, bis auch die letzten Reste der rechtsstaatlich-demokratischen Weimarer Verfassung beseitigt waren und die nationalsozialistische Führung ihre totalitären Machtansprüche in Staat und Gesellschaft fast vollständig durchgesetzt hatte.

Vom Bannstrahl ihrer rigorosen »Säuberungs«-politik wird auch der 34jährige sozialdemokratische Hallenser Akademieprofessor Adolf Reichwein getroffen.

Gerade von der Hochzeitsreise nach Italien zurückgekehrt – Reichwein hatte am 1. April 1933 seine Dozentenkollegin Rosemarie Pallat, die Tochter des langjährigen Leiters des Zentralinstituts für Erziehung und Unterricht in Berlin, Ludwig Pallat, geheiratet – wird er am 24. April 1933 gleich mit den ersten unerwünschten Hochschullehrern nach Maßgabe des kurz zuvor verabschiedeten »Gesetzes zur Wiederherstellung des Berufsbeamtentums« vom neuen NS-Kultusminister Bernhard Rust amtsenthoben und »bis zur endgültigen Entscheidung mit sofortiger Wirkung« zwangsbeurlaubt.[58]

Die Pädagogischen Akademien werden in Hochschulen für Lehrerbildung umgewandelt. Die ehemalige Pädagogische Akademie und nachmalige Hochschule für Lehrerbildung in Halle wird 1934 nach Hirschberg in Schlesien verlegt, ihre Dozentenschaft bereits im April/Mai 1933 fast vollständig ausgewechselt. Von den 19 hauptamtlichen Dozenten dieser von den Nazis als »rote« Akademie apostrophierten Pädagogischen Akademie Halle verbleiben lediglich zwei in ihren Ämtern.[59] Zum Nachfolger des bisherigen Direktors Julius Frankenberger ernennt Rust den Volkskundler und Lehrerbildner Herbert Freudenthal, unter dessen Führung Dozenten- und Studentenschaft geschlossen in die SA eintreten.

Vor die Alternative gestellt, dem Ruf auf einen Lehrstuhl für Wirtschaftsgeographie in der Türkei Atatürks zu folgen, also zu emigrieren, oder die Konsequenzen eines Verbleibens in Nazideutschland zu ziehen, entschließen sich Adolf und Rosemarie Reichwein, die ebenfalls ihre Dozentenstelle verloren hat – zunächst noch im Glauben, daß das NS-Regime wie die Regierungen zuvor schnell abgewirtschaft haben würde, nicht zuletzt aber auch aus familiären Gründen, erwartete das frischvermählte Paar doch für Februar 1934 sein erstes Kind – zum Bleiben. Reichwein stellt beim preußischen Kultusministerium einen Antrag auf Versetzung in das Amt eines einfachen Volksschullehrers und bekommt zum 1. Oktober 1933 die einklassige Landschule in Tiefensee/Kreis Oberbarnim in der Mark Brandenburg zur »Bewährung« übertragen.

V. Schulpädagogik in Tiefensee/Mark Brandenburg in der Zeit des Nationalsozialismus (1933-1939)

Am 1. Oktober 1933, dem Tag seines offiziellen Diensttritts an der einklassigen Landschule im märkischen Tiefensee, schreibt Adolf Reichwein an seinen Freund aus der gemeinsamen Marburger Studienzeit, Hans Bohnenkamp:

»Tiefensee liegt 36 km von Berlin (ich will mir baldigst einen Wagen anschaffen!), hat 270 Einwohner und 30 Schulkinder. Kein eigentliches Bauerndorf, sondern stark auf Ausflugsverkehr eingestellt. Aber schulisch günstig. Landschaftlich sehr schön, an der Strausberger Seen-Kette, am Rande der 'Märkischen Schweiz'. Der zuständige Schulrat ist – Georg Wolff, früherer Vorsitzender des Deutschen Lehrervereins, der stolz ist auf das neue Pferd in seinem Stall.«[60]

Konzentriert und zielstrebig geht Reichwein an seine neue pädagogische Aufgabe. Die Erziehung von Kindern und Jugendlichen zu Selbstbestimmung und sozialem Verantwortungsbewußtsein bleibt auch jetzt unter den schwierigen und mit den Jahren immer bedrückender werdenden Bedingungen der NS-Diktatur das angestrebte Ziel seiner pädagogischen Arbeit. Mit enormem persönlichen Einsatz, aber auch ebenso großem taktischen Geschick ist Reichwein in den folgenden Jahren bemüht, die Einflüsse der NS-Ideologie von dem Gestaltungsspielraum seiner kleinen Dorfschule so weit wie möglich fernzuhalten und den eigenen menschlichen, pädagogischen und politischen Überzeugungen treu zu bleiben.

Reichwein stellt die Unterrichtspraxis seiner einklassigen Landschule ganz bewußt in die Tradition der internationalen reformpädagogischen Bewegung, die nach 1933 in Deutschland vielerorts unterdrückt und abgewürgt wurde, als politisch motivierte Reformschulen von den Nationalsozialisten aufgelöst und viele fortschrittliche Reformpädagogen mundtot gemacht oder ins Exil gezwungen wurden.

In der Abgeschiedenheit seiner »pädagogischen Provinz« in Tiefensee entwickelt der von den Nationalsozialisten verbannte Kosmopolit Reichwein in den folgenden Jahren ein schlüssiges Konzept praktischen Lernens mit »Kopf, Herz und Hand«, das eine Sammlung, kritische Sichtung, Erprobung und bündige Zusammenfassung fast aller reformpädagogischen Leitmotive und Teilergebnisse darstellt. Was Reichwein in den Jahren zwischen 1933 und 1939 auf der erziehungs*praktischen* Ebene des Schulmeisters geleistet hat, kann man als Parallele zu jener strukturierten Synthese betrachten, die *Herman Nohl* und *Ludwig Pallat* mit dem von ihnen herausgegebenen, fünfbändigen 'Handbuch der Pädagogik' (Langensalza 1928-1933) auf der erziehungs*theoretischen* Ebene gelang.

Seine weitgespannten Lebenserfahrungen und seine Weltoffenheit, sein umfassendes und profundes Wissen, seine in den verschiedenen »Brennpunkten« seines

Wirkens gewonnene pädagogische Reife überträgt Reichwein nun in seine Arbeit als Dorfschullehrer und verdichtet sie hier zum »Schulmodell Tiefensee« mit seinem unverwechselbaren Profil, dem Modell einer humanen und lebendigen Schule. Er entwickelt damit zugleich ein faszinierendes pädagogisches Gegenkonzept zum herrschenden NS-'Erziehungssystem', das konstitutive Elemente enthält, die auch für die heutige Schulpädagogik in Theorie und Praxis bedeutsam sind.[61]

Ende 1937 erscheint Reichweins klassischer Schulbericht 'Schaffendes Schulvolk', auf dessen knapp 200 Seiten der 39jährige Landlehrer die Erfahrungen und Reflexionen seiner mehrjährigen Unterrichtsarbeit mit den etwa vierzig 6-14jährigen Kindern an der einklassigen Dorfschule in Tiefensee/Mark Brandenburg zusammenfaßt. Nur ein knappes halbes Jahr später, im Frühjahr 1938, veröffentlicht er einen zweiten Praxisbericht mit methodischen und didaktischen Reflexionen unter dem Titel 'Film in der Landschule', eine Pionierarbeit auf dem noch jungen Gebiet der Medienpädagogik.

Adolf Reichwein hat in diesen, seinen beiden schulpädagogischen Hauptwerken[62] keine geschlossene Erziehungs- und Unterrichtstheorie hinterlassen. Vielmehr versteht er sie als »bündige Berichte« über das »in Wirklichkeit breitlagernde Gebäude« eines beweglich zusammengesetzten »Unterrichtsgefüges«. Er will »bestimmte Wege des erziehenden Unterrichts« (S. 127) vorstellen, »in Bildern, an Beispielen und exemplarischen Fällen deutlich machen, was gemeint ist und welche methodischen Möglichkeiten offenstehen«. (S. 58)

1. Reformpädagogisches Schulmodell Tiefensee

Reichweins schulpädagogisches Modell, wie es in den beiden Tiefenseer Schulschriften begründet ist, ist zweifelsohne das Ergebnis einer ausgereiften Schulreformarbeit aus der Spätphase der Reformpädagogik, die um die Einseitigkeiten mancher Reformschulen in den Anfangsjahren der pädagogischen 'Bewegung vom Kinde aus' weiß und konsequent die Lehren aus den kontroversen Diskussionen in den 20er Jahren um die Frage 'Führen oder Wachsenlassen' (Theodor Litt) und um die 'Wiederentdeckung der Grenze' (Kurt Zeidler) für die Erziehungspraxis gezogen hat:

»Es bestand für kurze Zeit die Gefahr, daß man mit dem Drill zugleich die Berufung zu Dienst und Disziplin verwerfe. Man wollte das Fahrzeug erleichtern, flottmachen, aber man ging zu weit. Plötzlich fehlte der Tiefgang, der Kielführung und Kurs erst möglich macht. Es bestand Gefahr, und nicht nur in der Schule, das Kind ganz auf sich, sein angeborenes Schöpfertum zu begründen. Hatte man vordem das Kind für außer ihm liegende Zwecke geschult, so wollte man ihm nun das freie Spiel seiner Kräfte lassen.« (S. 152)

Solche allzu individualistischen Reformansätze basierten für Reichwein auf einem »falsch« verstandenen, »zu flach begründeten« Freiheitsbegriff (S. 152), der die Notwendigkeit der moralischen und sozialen Bindung ignorierte. Im Gegensatz dazu bedeutet Freiheit für Reichwein stets auch Verantwortungbewußtsein, was sich darin gründet, »daß zu jeder Freiheit des Spiels, zu jeder Entwicklung im Spielraum zugleich eine Bändigung ins höhere Ganze gehört; unter Menschen bedeutet dies: jene willentliche Ein- und Unterordnung, die Disziplin heißt«. (S. 152)

Neben der Freiheit, so Reichwein, habe ein Teil der frühen Reformpädagogik auch die Forderung nach Gleichheit im Erziehungsprozeß arg mißverstanden:

»Wo man sich diesem Spuk hingab, stieg der Erzieher nicht nur äußerlich vom Katheder, sondern er gab sich selbst – als Erzieher nämlich – zugunsten des Kindes auf. Das Katheder als Sinnbild einer äußeren Autorität: auch wir wollen es nicht wiederholen. Aber die Gestrigen vergaßen, daß jenes Hinabsteigen zum Kinde eine unsichtbare Grenze nicht verwischen darf, die nicht als Trennendes, sondern als Anregung, als Reiz zwischen Erzieher und Jugend wirksam bleiben soll. Wir haben auch in der Erziehung den Sinn der Grenze wieder entdeckt.« (S. 153)

Allerdings rechtfertigt sich diese 'Grenze' bei Reichwein nicht aus der Amtsautorität, sondern aus der hohen Sach- und Personkompetenz sowie dem pädagogischen Auftrag des Lehrers.

Diesen pädagogischen Auftrag für seine Tiefenseer Landschularbeit formuliert Reichwein in einem Kurzaufsatz aus dem Jahre 1939 so:

»'Schaffendes Schulvolk' ist für uns immer wieder eine Mahnung, daß wir berufen sind, in der jugendlichen Welt eine schaffensfrohe Lern- und Lebensgemeinschaft vorzubilden.«[63]

Zu diesem Zweck öffnet Reichwein seine Tiefenseer Landschule gegenüber der gesellschaftlichen Wirklichkeit, sucht außerschulische Lernorte auf, bezieht umgekehrt außerschulische Experten als Lehrmeister in den Unterricht mit ein und erweitert die Schule so zu einem großen sozialen und kulturellen Erfahrungsraum, in dem ein abwechslungsreiches, alle individuellen Anlagen anregendes Schulleben Platz hat: Musische Geselligkeit, Gymnastik, Sport und Spiel, Tanzen, Singen und Musizieren, die Mitgestaltung der Dorffeste und Gemeindefeiern gehören dazu, das sommerliche Schwimmen im nahegelegenen See, die Schulwanderung und die Großfahrt in den Ferien, Museumsbesuche und Besichtigungen gewerblich-industrieller und landwirtschaftlicher Betriebe, das Arbeiten im Schulgarten und das Erkunden der Natur, das Werken, Basteln und Malen ebenso wie das forschende Lernen am Objekt, die 'originale Begegnung' (Heinrich Roth) mit Gegenständen und Sachverhalten.

1.1. Lehrplan

Der Unterricht in der Tiefenseer Landschule ist nicht nach Fächern und Stundenplänen aufgebaut. Vielmehr plant Reichwein einheitliche, die Stoffülle auf exemplarische Fälle reduzierende und manchmal Monate dauernde (Werk-) Vorhaben, fächerübergreifende Projekte, wie wir heute sagen würden, die Bestandteil eines Lehrplanes sind, der entsprechend der besonderen Situation einer Landschule dem jahreszeitlichen Rhythmus der Natur und dem Jahreslauf der tradierten Feste der Dorfgemeinde folgt.

Während des Sommerhalbjahres stehen unter dem übergeordneten Thema 'Formen und Kräfte der Natur' naturkundliche Untersuchungen und Projekte unter freiem Himmel im Zentrum der Schularbeit, im Winter ist die schulische Arbeit im geschlossenen Unterrichtsraum Vorhaben zu sozial-historischen, ökonomischen und anthropologischen Themen gewidmet, die Reichwein unter der Überschrift 'Formen und Kräfte der menschlichen Gestaltung' zusammenfaßt. Reichwein, der seine Kindheit und Jugend selbst auf dem Lande verbracht hat, zeichnet im Unterricht kein agrarromantisch gefärbtes, vorindustrielles Weltbild bäuerlich-handwerklicher Idylle; ganz im Gegensatz zur 'Blut-und-Boden'-Ideologie der Nationalsozialisten ist Reichwein in seinem Unterricht immer darum bemüht, das Blickfeld der Schüler über die Barrieren des dörflichen Erfahrungshorizonts hinaus systematisch auszuweiten; pädagogisch geschickt nutzt er die Erlebnisse der Kinder im alltäglichen Umgang mit der sie umgebenden Umwelt der 'engsten dörflichen Heimat' als Ausgangspunkte für unterrichtliche Vorhaben, die schließlich zur intensiven Auseinandersetzung mit allgemeineren Problemen einer modernen Industriegesellschaft unter Berücksichtigung auch weltwirtschaftlicher Aspekte anregen: »Die Heimat- und Volkskunde erweitert sich also zu einer Weltkunde, die immer auf das heimatliche Schicksal bezogen und zugeschnitten bleibt.« (S. 52f.)

So führt etwa der Bau eines Heimatreliefs unter der Frage 'Wie sieht der Flieger eigentlich unsere Heimat?' über kulturgeographische Studien der näheren Umgebung hinaus zum Vergleich der Vogelfluglinien mit den Luftverkehrsverbindungen zwischen Europa und anderen Kontinenten und verdichtet das so geweckte Interesse der Kinder zu einem winterlichen Gesamtvorhaben 'Afrika', das in der werklichen Gestaltung des 'gesamtafrikanischen Reliefs' auch seinen für die Schüler sinnlichen Ausdruck findet. (S. 72ff.)

Um die unmittelbare Vorstellungskraft der Kinder gerade bei der Behandlung abstrakter Themen oder – wie im Falle des 'Afrika'-Vorhabens – geographisch weit entfernt liegender Gegenstände anzuregen und zu vertiefen, setzt Reichwein das zu seiner Zeit noch ganz neue Medium 'Unterrichtsfilm' didaktisch gekonnt – im Sinne einer kritisch-konstruktiven Seherziehung – in die unterrichtliche Vorhabengestaltung ein.

Adolf Reichwein als Mitarbeiter der Reichsstelle für den Unterrichtsfilm

Bereits im Sommer 1934 wurde Reichweins Landschule für die erst im Aufbau befindliche Schulfilmarbeit zur filmischen Versuchsschule der 'Reichsstelle für den Unterrichtsfilm' (RfdU) in Berlin erklärt und mit einem Schmalfilm-Vorführgerät und mit Filmen ausgestattet, so daß er dieses optische Medium häufig für seinen Unterricht heranziehen konnte.

1.2. Methode – Vorhaben als 'Weg der Erziehung'

Die Schüler in Reichweins Landschule sind nicht in Jahrgangsklassen eingeteilt, sondern in Arbeitsgruppen, zu denen Kinder verschiedener Jahrgänge und unterschiedlicher Leistungsstufen gehören, die als einzelne oder im Gruppenverband 'Zubringerdienste' zu dem jeweiligen Gesamtvorhaben leisten, so daß »auch elementare Lernbemühungen, wie die Einübung der Lese-, Schreib- und Rechenfertigkeiten, von dort her Sinn und Motiv erhielten«.[64]

Das Vorhaben und die mit ihm verbundene Methode des arbeitsteiligen Gruppenunterrichts bot hervorragende Möglichkeiten für die individuelle Förderung der Kinder, denn darauf kam es Reichwein an:

»Jedes Kind soll nach seinem eigenen Rhythmus wachsen können. Das ergibt jene natürliche Wachstumssymphonie, in die auch der unbedeutende Ton sich einschmiegt – einschmiegen darf –, um in der Verbundenheit mit den anderen seinen eigenen Wert zu erleben und mit emporgerissen zu werden.« (S. 157)

Die Rolle des Erziehers vergleicht Reichwein dabei – um im Bild zu bleiben – mit der eines Künstlers, dem es gegeben ist, »aus dem Gefüge der Orgelpfeifen Musik zu gestalten.« (S. 58)

Hier liegt der Ausgangspunkt seiner Pädagogik begründet: in der Mobilisierung der Selbstkraft, der Weckung der geistigen Spontaneität des Kindes. Die zukünftige Gesellschaft brauche keinen passiv-reproduktiven, durch blinden »soldatischen Gehorsam« (S. 34) gedrillten Schüler, der »wie eine genormte Form [...] überall in das mechanische Gefüge paßt« (S. 152), sondern gefordert seien von ihm in den »wechselnden und immer wieder neuen 'Lagen'« (S. 34) einer modernen Industriegesellschaft »geistige Bereitschaft, Können und das Bewußtsein einer eigenen Verantwortung« (S. 47). In diesem Spannungsfeld zwischen 'schöpferischer Selbstentfaltung' auf der einen und 'sozialer Verantwortung' auf der anderen Seite lebt Reichweins Erziehungsarbeit mit den Tiefenseer Schulkindern: »Die Selbstkraft, schon im Kinde erkannt und entfaltet, schlägt nicht ins Selbst zurück, sondern zündet hinaus in die Gemeinschaft.« (S. 151)

Ein älteres Kind unterrichtet die jüngeren Schüler

In diesem Verständnis von Sozialverpflichtung war es selbstverständlich, daß »einzelne besonders Begabte«, die »sich mit Siebenmeilenstiefeln fast aus eigener Kraft den Weg vorwärts bahnen«, sich freiwillig und gerne an die Aufgabe begaben, »kleine Gruppen der jüngeren Nachzügler zu betreuen.« (S. 161) Zwei lernbehinderte Kinder stellt Reichwein ausdrücklich unter den besonderen Schutz der Klassengemeinschaft:

»Es darf, so schwer die Verwirklichung ohne Fördergruppen auf dem Lande auch sein mag, kein Kind vernachlässigt oder gar, angeblich 'minderen Anspruchs', aus der Nachbarschaft offen oder insgeheim ausgeschieden werden.« Im Gegenteil: »Wert und Wirksamkeit jeder Erziehungsgemeinschaft ist untrüglich am Stande ihrer Sorgenkinder abzulesen.« (S. 157)

Durch den arbeitsteiligen Gruppenunterricht wurden die Alters- und Leistungsunterschiede zwischen den Schülern produktiv gemacht, die Kinder wuchsen zu einer sich wechselseitig helfenden Schülergemeinschaft zusammen, es entstand ein 'Helfersystem' (vgl. S. 179), das auf die Ausbildung und Pflege sozialer Verhaltensweisen wie Solidarität, Kooperationsfähigkeit und mitmenschliches Verantwortungsgefühl gegründet war und das zudem – in seiner höchsten Realisationsform als »selbsttätige Erziehungsgemeinschaft« (S. 118) – den strapazierten Lehrer einer einklassigen Landschule wesentlich entlasten konnte. In den gemeinsamen Vorhaben Reichweins, die die optimale und vielseitige Individualförderung mit einer konkreten Sozialerziehung zu verbinden suchten, realisiert sich das für Reichwein typische sozial-humanistische Bildungsideal der »voll entfalteten Persönlichkeit im Dienst der Gemeinschaft.«[65]

1.3. Das Werkvorhaben als ideales Modell eines erziehenden Sachunterrichts[66]

Der tägliche Schulunterricht in Tiefensee beginnt im Sommer morgens um 7.00 Uhr und dauert bis mittags 12.00 Uhr, im Winter von 8.00 Uhr bis 13.00 Uhr. An vier Nachmittagen in der Woche versammelt Reichwein die Kinder auf freiwilliger Basis zur Werk- und Handarbeit in der Schule, die fast immer im Zusammenhang mit den Unterrichtsvorhaben stehen. Die handwerkliche Arbeit bildet den Kern der Tiefenseer Schularbeit, manuelle Tätigkeiten begleiten und krönen die Vorhabengestaltung, sie vertiefen und veranschaulichen die Unterrichtsvollzüge in allen Schulfächern. »Was die Hand geschaffen hat, begreift der Kopf um so leichter«, lautet Reichweins pädagogischer Grundsatz.[67]

Das Vorhaben Reichweins basiert auf den methodischen Prinzipien der Arbeitsschule, es betont die gesellschaftliche und persönlichkeitsbildende Bedeutung der manuellen und geistigen Arbeit und vermittelt ein Grundrepertoire elementarer Arbeitstechniken. Die Vorhaben bilden 'pädagogisch abgesicherte Ernstsituationen', die schrittweise auf die moderne Arbeitswelt und die gesellschaftliche Wirklichkeit vorbereiten wollen. Sie gehen von den Schülerinteressen und aktuellen »Gelegenheiten« aus, sind mit ihrer »strengen, sachgebundenen Unterrichtsarbeit« aber alles andere als planloser »Gelegenheitsunterricht« (S. 111). Vielmehr sind sie häufig bereits Wochen, wenn nicht gar Monate intensiv vorausgeplant, denn gerade die sorgfältige Planung ist nach Reichwein die Voraussetzung für eine offene und flexible Durchführung der Vorhaben.

Angesichts der kärglichen Finanzausstattung damaliger Landschulen – und die Tiefenseer Schule ist da keine Ausnahme – dienen viele dieser Werkvorhaben zunächst der Herstellung dringend benötigter Schulmöbel und geeigneter Unterrichtsmittel. Diese Vorhaben entspringen somit einem ganz bestimmten schulischen Bedarf, der durch ein konkretes Arbeitsergebnis, ein vorzeigbares und zugleich nützliches Produkt gedeckt wird, an dessen Vollendung alle Kinder – alters- und leistungsgerecht – beteiligt sind. Vereint zur selbsttätigen und schöpferischen Arbeits-, Lern- und Lebensgemeinschaft werden von den Schülern unter Mithilfe

Handwerksmeister aus dem Dorf helfen beim Bau der »Freiluftschule«

von Handwerkern aus dem Dorf neue Bänke und Tische für die 'Freiluftschule' gezimmert und Unterrichtsmedien wie etwa »das laufende Band der Geschichte«, ein durchsichtiger Bienenbeobachtungskasten, ein Gewächshaus, Nistkästen, Webrahmen, Blockflöten, ein Puppentheater, Gartenarbeitsgeräte und sogar hochwertige technische Medien wie ein Mikroskop selbst hergestellt. Reichwein versteht es vorzüglich, die Mangelsituation der Tiefenseer Landschule in pädagogische Vorteile umzuwandeln und die Kräfte der Kinder und Eltern durch Selbsthilfe zu steigern – ganz nach dem Motto: 'Aus nichts etwas machen'.

So werden etwa beim Gewächshausbau die Backsteine des abgebrochenen Schornsteins einer alten Ziegelei verwendet und die Hausböden nach brauchbaren Glasscheiben durchstöbert. Und die beim Ausheben einer Grube anfallende Erde wird sogleich für die Anlage einer »Sandkiste« für die Kleinen zum Spielen verwendet (vgl. S. 65). Die Schüler werden, wie wir heute im Zeitalter der Rohstoffverknappung sagen würden, zu wahren Experten des Recycling. Der effiziente und kreative Umgang mit den knappen 'Ressourcen', zum Großteil durch die materiellen und finanziellen Defizite der Schule erzwungen, ist für Reichwein zugleich ein grundlegendes Erziehungsziel, das sich aus seinen weitsichtigen Rohstoffstudien der 20er Jahre und der dortigen Warnung vor einer Material-'Verschwendung' ableitet.

Im Vorhaben sieht Reichwein das ideale Modell eines erziehenden Sachunterrichts. Als Erziehungskräfte fungieren dabei die werkschaffende Gruppe und die Sache bzw. die selbsttätige Auseinandersetzung mit derselben. Der Lehrer tritt demgegenüber in den Hintergrund:

»Weil das Kind der Sache unmittelbar begegnet und sie nicht erst durch das Medium des Lehrers trifft, verwandelt sich aller Unterricht in Erziehung. Das aus der persönlichen Begegnung mit der Sache erworbene Wissen ist nicht toter Besitz, den man wieder ablegen oder auch verlieren kann, sondern es ist selbst in das kindliche Sein als Erfahrung eingegangen. 'Unterricht' im üblichen Sinne stellt also einen Weg unserer Erziehung dar. Es ist der Weg, dessen Marksteine die Sachen sind, denen das Kind begegnet und die die Aufgaben enthalten, die es bewältigen soll. So wird die Sache zum Erzieher.« (S. 58)

1.4. Vorhaben-Beispiel 'Gewächshausbau'

Der Plan, ein Gewächshaus für Unterrichtszwecke zu bauen, bestand schon lange. Eines Tages ergibt sich eine günstige Gelegenheit, den Plan in die gemeinsame Tat umzusetzen, als in der Nähe eine ausgediente Ziegelei gesprengt wird. Lehrer und Schüler karren kurzerhand die Steine in den Schulgarten und beginnen mit den Ausschachtungsarbeiten. Zur weiteren Bauplanung und -ausführung, die als Gemeinschaftswerk aller Altersgruppen erfolgen, werden Handwerksexperten aus dem Dorf als Sachverständige hinzugezogen. Die Fachleute verfügen über das nötige Spezialwissen, um den Schülern die für den Bau erforderlichen handwerklichen Elementartechniken zu vermitteln. Dadurch vermeidet der Lehrer ganz bewußt den illusionären Schein, ein 'Alleskönner' zu sein, denn: »Auch dies gehört zu den Grundsätzen einer wahrhaftigen Erziehung, daß das Kind den Erzieher selbst als Fragenden erlebt.« (S. 65)

Gemeinsam mit den Handwerkern, einem Zimmermann und einem Maurer, beginnen die Landschüler aus den unterschiedlichen Altersgruppen mit der Planung. Die dabei auftauchenden mathematisch-geometrischen Probleme, wie »Strecken- und Winkelmessungen, Flächen- und Raumberechnungen«, werden von einzelnen Gruppen arbeitsteilig in Angriff genommen. Auch die jüngeren Schüler – im Alter von acht und neun Jahren – werden bereits in die Aktivitäten einbezogen. Sie »leisteten«, ihrem Alter entsprechend, »eine ganze Reihe einfacher Zubringerdienste« (S. 57) zu den komplizierteren Arbeiten der 10-14jährigen und lernen aus der Beobachtung der älteren.

Im Verlauf der Gewächshaus-Planung und im Zuge der Bauausführung werden die Schüler aus der Ernstsituation heraus mit immer neuen Problemen konfrontiert, die zum »gemeinschaftlichen Durchdenken« (S. 65) und zu fachspezifischen Exkursen Anlaß geben:

Man setzt sich mit Grundwasser- und Baustoffproblemen, mit Fragen der Wärmeisolierung und -ökonomie usw. auseinander. Die Beschäftigung mit statischen Problemen führt zu architektur- und kunstgeschichtlichen Exkursen, in deren Verlauf u.a. auf die Bauweise der gotischen Kreuzgewölbe eingegangen wird. Detailprobleme, wie z.B. die Frage nach der Herstellung von Glas, werden durch den Einsatz entsprechender Filmproduktionen geklärt. Nebenher laufen ständige Übungen und Kontrollen des unbedingt notwendigen Grundwissens. Im Verlauf des Vorhabens erlernen die Schüler eine Vielzahl rechnerischer und bautechnischer Kenntnisse und ein breites Spektrum technisch-manueller Fertigkeiten.

Im gemeinsamen Werkschaffen, in der praktischen Anwendung erfahren auch die Sekundärtugenden der Ordnung, der Sachlichkeit und Sorgfalt, der Sparsamkeit und Sauberkeit für die Kinder ihren Sinn und ihre Rechtfertigung:

»Peinliche Genauigkeit, beständige Überprüfung mit Lot und Wasserwaage, sparsamer Umgang mit dem Rohstoff Mörtel, Rücksicht und Geschicklichkeit bei der Verwendung des brüchigen Altmaterials, kurzum beständige Wachsamkeit und Sorge waren Voraussetzung für das Gelingen auch dieses scheinbar so einfachen Bauvorhabens.« (S. 65f.)

Zum Schluß, der Rohbau steht, feiern die Kinder – nach dem Sinnspruch aus Goethes 'Schatzgräber': »Tages Arbeit! Abends Gäste! Saure Wochen! Frohe Feste! Sei dein künftig Zauberwort« – zusammen mit ihrem Lehrer und den beteiligten Handwerkern aus dem Dorf mit fröhlichem Gesang und selbstgetexteten Versvorträgen ihr »Fest der Arbeit«. (S. 66) Ein selbstgefertigtes Heft mit den dargebotenen Reimen wird den beteiligten 'Baumeistern' zum Dank überreicht.

In den darauffolgenden Wochen wird das fertige Gewächshaus als neuer Lern- und Arbeitsort des Naturkundeunterrichts intensiv genutzt, »wo wir«, wie Reichwein berichtet, »unsere Kreuzungsversuche mit Blumen machen – künstliche Bestäubung –, wo unsere Pflanzen für das Freiland des Schulgartens vorgetrieben werden, wo wir schließlich auch besondere Frühjahrs- und Sommerkulturen anlegen und die Verschiedenheit der Wachstumsbedingungen und ihre Ergiebigkeit gegenüber dem Freiland beobachten.« (S. 67)

Die Aufzucht der ersten Gurken im neuen Gewächshaus ist für die Schüler sogleich Anlaß, um mit großem Eifer 'Gurkenreime' zu verfassen, die sie in ein reichhaltig geschmücktes und illustriertes 'Gurkenbüchlein' eintragen, das dann zusammen mit den schönsten Früchten den am Bau beteiligten Handwerksmeistern feierlich überreicht wird. Diese Geste soll ausdrücken, daß das Gewächshaus seine Bewährungsprobe bestanden hat.

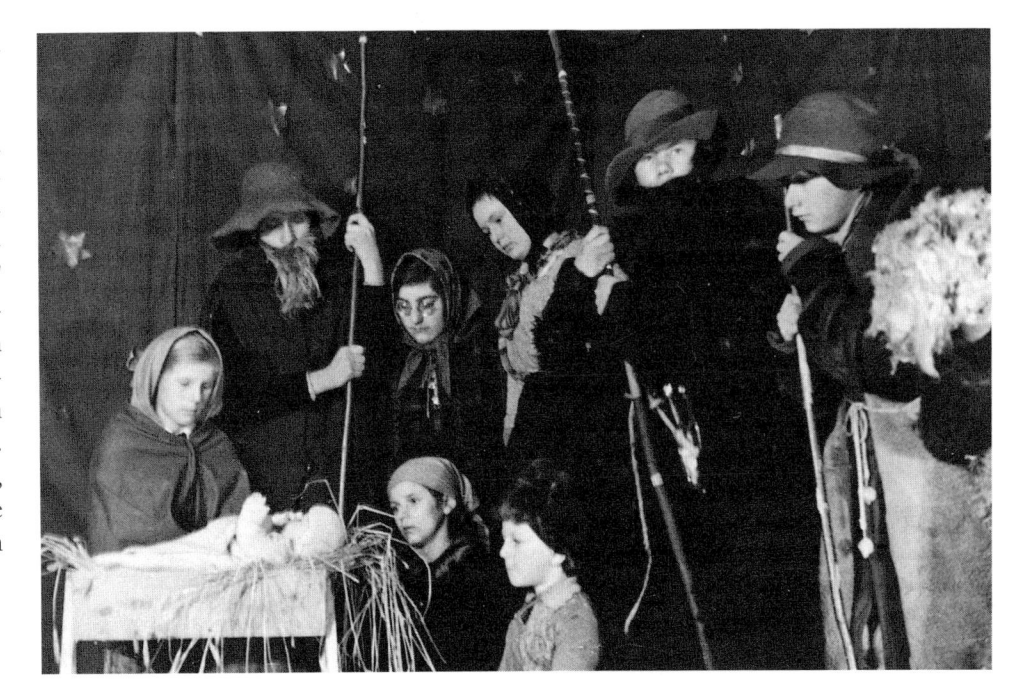

1.5. Feste und Schulfahrten als Höhepunkte im Schulleben

Höhepunkte im Tiefenseer Schulleben sind die großen Feste im Jahreslauf: Weihnachten, 1. Mai und Erntedank. Gerade im Zusammenhang mit diesen Feierveranstaltungen wird die Verbundenheit der Schule mit der Dorfgemeinde besonders deutlich. Mit den Schülern und ihren Eltern zusammen gestalten Adolf und Rosemarie Reichwein die Feste und Feiern des Dorfes. Unter Reichweins Leitung entwickelt sich die Tiefenseer Schule mehr und mehr zum kulturellen Mittelpunkt der Dorfgemeinde.

Wichtig ist nicht nur der Festtag selbst, sondern auch und besonders die Vorbereitungszeit, die sich in die Schularbeit des Jahres eingliedert. Aus dem Wunsch, die Dorfgemeinde zum Weihnachtsfest zu beschenken, erwachsen Ideen zu größeren und kleineren Vorhaben. Da werden Lieder, Tänze und Spiele einstudiert, die die Schüler zur Feier aufführen, und es werden Geschenke gebastelt, z.B. Holzspielzeug für die Kleinstkinder im Dorf, Basttaschen und Pfeifenständer für die Erwachsenen. »Die Schule gleicht von morgens bis nachts – sehr bildhaft gesprochen - einer Bienenwabe zur Zeit der Akazienblüte«[68], schreibt Reichwein Mitte Dezember 1934 seinem Freund Harro Siegel über die Vorbereitungen zu der geplanten Weihnachtsfeier.

Zu den bedeutendsten Ereignissen während ihrer Schulzeit zählen für die Schülerinnen und Schüler an der Tiefenseer Landschule noch heute die großen, etwa zweiwöchigen Schulfahrten in den Sommerferien,

Der Dorfschullehrer Adolf Reichwein mit Besuchern; links: Fritz Klatt

die Reichwein in den beiden ersten Jahren seiner Lehrertätigkeit in Tiefensee mit der Oberstufe der Dorfschule, also den 10-14jährigen Kindern, unternimmt. 1934 führt die Klassenreise nach Ostpreußen, 1935 ist Schleswig-Holstein das Reiseziel.

Die Wanderfahrten dienen sowohl der geistigen Horizonterweiterung der Schülerinnen und Schüler über die Dorfbarrieren hinaus, als auch der Sozialerziehung des einzelnen im Gemeinschaftsleben der Gruppe. Die frühzeitige Planung und intensiv betriebene Vorbereitung der Klassenfahrt im Unterricht, der in Geschichte, Geographie und Kultur der zu erschließenden Landschaft einführt, die sorgfältige Auswertung von Reiseführern, Fotos, Landkarten und Werbeprospekten sowie die spartanische Art der Durchführung und das Anlegen eines Reisetagebuchs erinnern an frühere Wanderfahrten Reichweins im Rahmen der Arbeiter- und Lehrerbildung.

2. Oppositionelles Lehrerverhalten im Nationalsozialismus

Während der gesamten fünfeinhalb Jahre pädagogischer Tätigkeit in Tiefensee hält Reichwein enge persönliche Kontakte zu gleichgesinnten Freunden und Bekannten. Sein Schulhaus wird in diesen Jahren der NS-Diktatur ein gesuchtes und gern in Anspruch genommenes Refugium für viele Gesinnungsgenossen, wo man sich an den Wochenenden oder in den Ferien trifft, sich offen über die politische Lage ausspricht und aktuelle Informationen austauscht, wo man Trost finden und neue Kräfte schöpfen, wo man seine eigene Identität bewahren kann in einer Zeit, in der unter dem ideologischen Mantel einer großen und einigen 'Volksgemeinschaft' jeder Andersdenkende mit den Methoden des Gesinnungsterrors und der Verfolgung, der Denunziation und der offenen Gewalt in quälende Einsamkeit und Angst getrieben wurde, und viele menschlich zerbrachen.

Daß jedoch selbst ein so entschieden oppositioneller Lehrer wie Adolf Reichwein nicht ohne formale Zugeständnisse an den nationalsozialistischen 'Zeitgeist' auskommt, geht aus einem Visitationsbericht hervor, den Kreisschulrat Georg Wolff, der die Tiefenseer Landschule nachweislich vier Mal insgesamt besucht hat, Ende Oktober 1934 nach seiner ersten ausgedehnten Inspektion für den Regierungspräsidenten in Potsdam angefertigt hat. Darin schreibt Wolff, daß Reichwein schnell den 'Völkischen Beobachter' zur Hand hatte und mit den Kindern im Deutschunterricht die »Botschaft des Führers an das deutsche Handwerk« behandelte.[69]

Wenngleich also, wie dieses Beispiel deutlich macht, die Einhaltung bestimmter NS-Rituale zum unvermeidlichen Mittel der eigenen Überlebensstrategie gehörte –

Inspektionsbericht des Kreisschulrates Georg Wolff vom 8. 12. 1937

Brief Adolf Reichweins vom 20. 8. 1937 an den befreundeten Künstler Walter Dexel

diese Gesten, Kompromisse mit dem Feind im eigenen Land, belasten Reichwein sehr. Ein Freund berichtet von einer Begegnung mit ihm aus dieser Zeit, bei der Reichwein einen sehr niedergeschlagenen Eindruck auf ihn gemacht habe. Reichwein habe dann gestanden: »Heute habe ich zum erstenmal wirklich gelogen. Ich habe einen Schulrat mit Hitlergruß begrüßt«.[70]

Reichwein führt in Tiefensee – wie andere Dissidenten in NS-Deutschland auch – ein Doppelleben: auf der einen Seite galt es, bisweilen äußerliche Konformität mit dem Nationalsozialismus zu zeigen, sich z.B. mit den NS-Honoratioren im Dorf ins Benehmen zu setzen, sich nicht durch politische Aktionen zu exponieren, bestrebt zu sein, diese Zeit zu überstehen, ohne sich selber unmittelbar zu gefährden, doch ohne den Nacken vor dem Regime zu beugen; auf der anderen Seite standen nicht nur die 'innere Emigration', sondern auch das Denken und Leben in der Illegalität und die Zusammenkünfte mit den politischen Gesinnungsgenossen.

Dieses Grunddilemma, in dem sich jeder Andersdenkende in den Jahren der totalitären NS-Gewaltherrschaft befand, veranschaulicht Reichwein in einem eindringlichen Brief aus dem Jahre 1937 an seinen Freund, den inzwischen als 'entartet' eingestuften Künstler Walter Dexel:

»Es gab einmal einen Mann ohne Schatten, Peter Schlemihl; es war ein bedeutender Dichter, der diese Gestalt erfand und die wahrhaftig nachdenklich machen kann. *Wir* werden nicht mehr ohne Schatten leben können. Abfinden und *seinen* Weg gehen, ist der einzige *Ausweg* [...]. Die stillen *Genüsse* sind wichtiger geworden denn je«.[71]

Denunziationsbrief vom 14. 7. 1936

Diese bedrückenden Zeilen lassen nachempfinden, was 'aufrechter Gang' (Ernst Bloch) unter den Bedingungen der NS-Zeit für den einzelnen bedeutete, welche täglichen Hemmungen jeder für sich und meistens auf sich allein gestellt zu überwinden hatte, welche Zweifel und Selbstzweifel niedergerungen werden mußten.

Reichwein zieht sich in den Tiefenseer Jahren fast ganz auf seine pädagogische Arbeit mit den Schulkindern zurück. Der Umgang mit ihnen ist es, der ihn immer wieder aufs neue bestärkt, durchzuhalten und trotz aller Entbehrungen weiterzumachen. »Die Arbeit an und mit den Kindern ist eine reine und im höchsten Sinne 'überzeitliche' Freude«[72], so oder ähnlich steht es in vielen seiner Briefe aus dieser Zeit.

Und der erzieherische Erfolg gibt ihm recht: »Die Kinder erfreuen durch ihre natürliche Haltung beim Vortrag, beim Reden und im Gespräch mit mir und mit dem Lehrer« – so charakterisiert Schulrat Wolff in seinem Visitationsbericht vom Oktober 1934 anerkennend die pädagogische Leistung Reichweins. »Abschließend lasse ich mir von den Kindern von ihrer Ostpreußenfahrt berichten. Die Kinder erzählen flott, mit innerer Freude an dem Erlebten. Die Fahrt ist reibungslos vonstatten gegangen. Ich habe auch mit der Begleiterin gesprochen, einer höheren Führerin im BDM, die gleichfalls ein gutes Urteil über Vorbereitung und Durchführung der Fahrt abgibt. Bei den Eltern hat die Wanderung ein lautes Echo gefunden: sie sind schon jetzt dabei, für die nächstjährige Reise zu sammeln, damit auch alle Kinder mitkönnen. Die Fahrt hat ordnungsmäßige Auswertung im Unterricht der verschiedenen Fächer gefunden.«[73]

Über die Kinder gewinnt Reichwein allmählich auch Zugang zu den Eltern, die den strafversetzten, 'politisch unzuverlässigen' ehemaligen Akademie-Professor anfangs noch recht skeptisch beurteilt hatten.

»Es ist Reichwein auch gelungen, in ein gutes Verhältnis zur Gemeinde und zur Elternschaft, zum Gemeindeschulzen und zum Ortsgruppenleiter zu kommen: die Schule tritt unter seiner Leitung bei den öffentlichen festlichen Veranstaltungen immer in den Mittelpunkt. Auch das Verhältnis zur Jungvolkführung ist in Ordnung«, notiert Wolff im selben Bericht.[74]

Das gute Verhältnis zwischen Reichwein und den meisten Menschen der Gemeinde, auch ihren Honoratioren, ist sicherlich zum einen ein Ergebnis seiner bezwingenden persönlichen Ausstrahlung, seines jugendlichen Elans und seiner ungeheuren Vitalität, zum anderen aber natürlich auch Resultat seiner überzeugenden pädagogischen und kulturellen Arbeit in Schule und Dorf. So berichtet etwa Hans Bohnenkamp, daß ein Vater, den er bei einem seiner Besuche in Tiefensee nach seinen Eindrücken befragt hatte, geantwortet habe: »Der Professor? Wissen Sie, der hat unsere Kinder frei gemacht«.[75]

Aber Reichwein weiß auch, daß er in seinen öffentlichen Äußerungen sehr vorsichtig sein muß, denn von einem Teil der Eltern wird er all die Jahre über argwöhnisch beobachtet und kontrolliert. Davon zeugen zwei anonyme Briefe, die »nationalsozialistische Eltern« bzw. »nationalsozialistische Bauern und Arbeiter aus Tiefensee« 1935 und 1936 an den Regierungspräsidenten in Potsdam geschickt haben – mit der Forderung, Reichwein von seinem Lehramt zu suspendieren.[76]

Doch Reichweins Schularbeit bietet – zumindest in der Sichtweise des Schulrats Wolff – zu keinerlei Klage Anlaß, und Wolff stellt sich denn auch – ebenso wie der Bürgermeister von Tiefensee, ein ehemaliger Parteigänger der Deutschnationalen Volkspartei (DNVP) – demonstrativ vor Reichwein und weist alle Anschuldigungen gegen ihn entschieden zurück.

Am Beispiel der beiden Denunziationsbriefe, die letztlich ohne Folgen blieben, lassen sich deutlich die tatsächlichen Gefährdungen aufzeigen, denen Reichwein auch in einem so abgelegenen Dorf wie Tiefensee tagtäglich ausgesetzt war. Es zeigt, wie begrenzt die öffentlichen Wirkungsmöglichkeiten in der Realität des NS-Alltags waren.

In einem Brief vom Frühjahr 1934 berichtet Reichwein einer Bekannten von den Vorbereitungen zur bevorstehenden Maifeier:

»Mit den Kindern einen Haufen Mailieder und Volkstänze [...] neu gelernt. Mit einer Schar Erwachsener (für Freilicht) einige Szenen aus dem Wilhelm Tell einstudiert. Bitte gelegentlich nachlesen: 3. Aufzug, 3. Szene; 5. Aufzug, 1. und 3. Szene. Sie hören!«[77]

Gemeint sind die Szenen, wo zum Sturz des Tyrannen Geßler aufgerufen und die Freiheit als höchstes Gut gefeiert wird. Fraglich ist jedoch, ob diese versteckte politische Botschaft von den Dorfbewohnern überhaupt verstanden wurde. Schließlich gehörte Schillers 'Tell' nicht zu den von den Nazis verbotenen Stücken.

3. Vortragsreise nach England und Planungen zum Ausbau der Tiefenseer Zwergschule zu einer ländlichen Mittelpunktschule

Im Sommer 1938 reist Adolf Reichwein zusammen mit seiner Frau auf Einladung seines englischen Freundes *Rolf Gardiner*, der auf seiner Farm in Springhead bei Shaftesbury ökologische Landschaftsregeneration und Volkshochschularbeit zu kombinieren versuchte, für vier Wochen nach England zu Vorträgen über seine landschulpädagogische Konzeption. Von den dortigen ländlichen 'Central Schools' angeregt, plant Reichwein nach seiner Rückkehr nach Deutschland, die Tiefenseer Zwergschule in ähnlicher Weise weiter auszubauen.

In einem Brief vom Dezember 1938 an Wilhelm Flitner geht Reichwein auf die schulischen Erweiterungspläne näher ein; in diesem Zusammenhang berichtet er Flitner, der in der von ihm selbst herausgegebenen Zeitschrift 'Die Erziehung' kurz vorher eine Rezension über Reichweins 'Schaffendes Schulvolk' veröffentlicht hatte, auch über das einschlägige publizistische Echo, das dieses Buch gefunden hat:

»Es ist vorgesehen, daß meine Schule ausgebaut wird. Nachdem ich 5½ Jahre nun die 'einfachsten' Verhältnisse durchgeprobt und bewiesen habe, daß auch unter solchen primitiven Umständen lebendige Arbeit gedeihen kann, soll nun der Versuch gemacht werden, die Arbeit in jenen äußeren Rahmen zu stellen, den wir künftig für alle Landschulen haben wollen (mit Lehrküche, Werkraum usw.). Es ist natürlich schwer, dergleichen bis zur Schlüsselfertigkeit zu vollenden. Die 'offizielle' Resonanz auf das Buch war verhältnismäßig stark im Reichsnährstand und bei der Hitlerjugend. Begreiflicherweise am schwächsten im NSLB. Wenn meine politische Struktur tagesgemäßer wäre, könnte jetzt wahrscheinlich Größeres erreicht werden. Immerhin bemühe ich mich, durch Beratung hier und dort einiges vorwärts zu bringen«.[78]

Reichwein denkt vor allem an die Einrichtung einer Berufsschule für Mädchen im Sinne einer ländlichen Mittelpunktschule und – als weiterer Schritt – an eine um die Tiefenseer Dorfschule gruppierte, modellartige Landschulgruppe, wie er sie schon Anfang 1934 in seinem programmatischen Landschulaufsatz in der 'Frankfurter Zeitung' entworfen hatte.[79]

Reichweins Sondierungsgespräche mit den zuständigen Stellen im Reichsnährstand führen noch im Winter 1938/39 zu einem entsprechenden Bauentwurf und ersten Schritten der Finanzierung. Doch immer stärker wächst in ihm die Skepsis gegenüber seinem eigenen, unter anderen politischen Verhältnissen sicherlich fruchtbaren bildungspolitischen Vorstoß; in zunehmendem Maße muß er erkennen, daß man im Reichserziehungsministerium eigentlich nur daran interessiert ist, »in der Nähe von Berlin eine vorbildliche einklassige Landschule« zu haben, »die Besuchern, auch ausländischen, als Muster vorgeführt werden kann.«[80] Als im Januar 1939 erstmals sogar eine argentinische Expertengruppe, Erziehungswissenschaftler aus Buenos Aires, begleitet von Mitarbeitern des Reichserziehungsministeriums nach Tiefensee kommt, um seine Schule zu besichtigen, beschließt Reichwein, alle weiteren Ausbau- und Erweiterungspläne im Zusammenhang mit seiner Tiefenseer Landschule aufzugeben. Das politische Risiko scheint ihm nicht mehr kalkulierbar.

Im Frühjahr 1939 – wenige Monate vor Beginn des Zweiten Weltkrieges – nimmt Reichwein das Angebot

Poesiealbum einer Schülerin in Tiefensee

des Berliner Museums für Deutsche Volkskunde an, ihre Schulabteilung zu übernehmen und die museumspädagogische Arbeit auf eine neue Grundlage zu stellen; für ihn ist dies gleichzeitig die Möglichkeit, aus der politischen Isolation von Tiefensee heraus in die damalige Reichshauptstadt Berlin, ins Zentrum der politischen Entscheidungen zu kommen. Durch seine politisch engagierten Freunde wußte er von den Widerstandsaktivitäten verschiedener illegaler sozialistischer und kommunistischer Gruppierungen in Deutschland, vor allem in Berlin. Immer deutlicher hatte Reichwein zudem erkennen müssen, daß der »pädagogische Widerstand«[81], den er in Tiefensee leistete und den er durch seine Schulschriften publizistisch zu verbreiten suchte, nicht ausreichte, um dem Nazi-Regime wirklich effektiv begegnen zu können.

Zum Abschied von den Tiefenseer Schulkindern hat Reichwein jedem von ihnen einen ganz persönlichen Spruch ins Poesiealbum gedichtet. Eine dieser Losungen, die sein pädagogisches Vermächtnis wie in einem Brennglas zusammenfaßt, lautet:

»Richte immer die Gedanken
Fest und ohne schwaches Schwanken
Auf das selbst gewählte Ziel!
Hilft das Herz als Kompaß viel,
Weist die Richtung in der Stille,
Soll der selbst gestählte Wille
Doch Dich stärken, fest zu halten
Und Dein Leben zu gestalten
Nach den großen Tugendbildern,
Die des Lebens Härte mildern:
Güte allen Menschen zeigen
Wahrheit gegen jedermann,
Über andrer Fehler *schweigen*,
Und nur wollen, was man *kann*.«

VI. Museumspädagogik in Berlin während der Kriegsjahre und aktiver Widerstand gegen das NS-Regime (1939-1944)

1. Leiter der Abteilung »Schule und Museum« am Staatlichen Museum für Deutsche Volkskunde in Berlin

Vom 16. Mai 1939 an ist Adolf Reichwein Leiter der Abteilung »Schule und Museum« am Berliner Museum für Deutsche Volkskunde. Unter dem seinerzeitigen Direktor *Konrad Hahm* hatte vor allem Reichweins alter Marburger Studienfreund *Wolfgang Schuchhardt* in den Jahren zuvor bereits Volksschullehrerseminare zu volkskundlichen Themen abgehalten. Diese seit 1935 laufende Zusammenarbeit mit den Berliner Volksschulen sollte nun per Beschluß des Reichserziehungsministeriums vom Mai 1939 von zentraler Stelle aus für das gesamte Reichsgebiet modellhaft entwickelt werden.

Zu diesem Zweck wurde eine eigene Abteilung »Schule und Museum« eingerichtet, die dem Volkskundemuseum im Prinzessinnenpalais zwar räumlich angegliedert, dienstlich jedoch dem Generaldirektor der Staatlichen Museen in Berlin, Professor *Otto Kümmel*, unterstellt ist, »um die Verbindung von der Unterrichtsverwaltung zu der viel gestaltigen Welt der Museen in ihrer ganzen Breite wahrnehmen zu können«.[82] Im administrativen Zuständigkeitsbereich untersteht sie direkt dem Reichserziehungsministerium, wo sie dem Leiter des für pädagogische Grundsatz- und Schulreformfragen zuständigen Amtes Erziehung (E), Ministerialdirektor Professor *Albert Holfelder*, zugeordnet ist. Damit sollte »die grundsätzlich Bedeutung dieser Arbeit für alle anderen Museen, insbesondere für die Heimatmuseen«, deren es damals etwa 2000 im Reichsgebiet gab, unterstrichen werden und zugleich der »Kreis der Schulen, mit denen gearbeitet wurde, über das Gebiet der Volksschulen hinaus« erweitert werden.[83]

Reichwein beginnt seine Tätigkeit am Museum für Deutsche Volkskunde in Berlin nach dem Zeugnis von

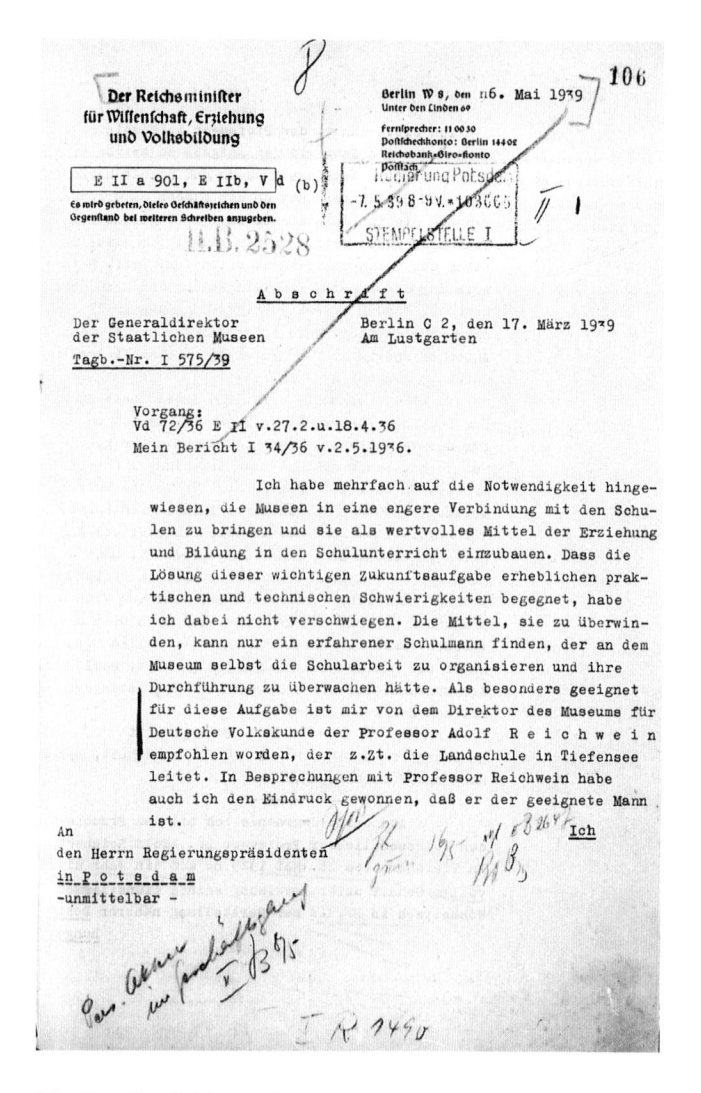

Schreiben des Reichserziehungsministers Bernhard Rust vom 6. 5. 1939 an den Regierungspräsidenten in Potsdam bezüglich der Versetzung Reichweins an das Berliner Volkskundemuseum

Professor *Konrad Hahm* »mit stärkster persönlicher Anteilnahme und tatkräftigem Einsatz«.[84]

Seine vordringliche Aufgabe als Leiter der Abteilung »Schule und Museum« sieht Reichwein darin, »eine umfassende Museumspädagogik praktisch zu erproben und auszubilden«, d.h. die Museen »als Anschauungs- und Arbeitsstätten« für eine »erzieherisch gelenkte Schularbeit«[85] fruchtbar zu machen: »Die gegenständli-

Erste Seite des Artikels »Schule und Museum« (1941)

Deutsches Schulverwaltungs-Archiv

Verlag Franz Dahlen, Berlin
Sonderdruck aus Band 38, Heft 1/2, 1941

Schule und Museum

Von Prof. Dr. Adolf Reichwein, Berlin.

Um von Anbeginn ein, wenn auch unwahrscheinliches Mißverständnis auszuschließen: es handelt sich nicht um eine Erneuerung des alten Gedankens der Schulmuseen, der sich in den 80er Jahren des vorigen Jahrhunderts zu regen begann und nach einer musealen Darstellung verwirklichter oder erwünschter Erziehungstechniken und der dazugehörigen Unterrichtsmittel strebte. Also nicht um die museale Erfassung, die beispielhafte Schaustellung der Schularbeit selbst soll es sich hier handeln, sondern um die **Erschließung** dessen, was unsere **Museen** zu bieten haben für die Verwertung und Verarbeitung einer erzieherisch gelenkten Schularbeit.

Der Herr Reichserziehungsminister hat durch seinen im Mai 1939 gegebenen Auftrag, die Zusammenarbeit zwischen Museen und Schulen auf breiter Grundlage zu erproben und die Möglichkeiten im einzelnen zu erkunden, zum Ausdruck gebracht, daß er die Zeit für gekommen hält, unsere Museen mit ihren Unterrichtsmöglichkeiten in den Lehr- und Lernbereich unserer Schulen aufzunehmen. Der hauptamtlich mit der Durchführung dieser Aufgabe Beauftragte, von der Wissenschaft wie auch von der praktischen Pädagogik herkommend, ist dienstlich dem Generaldirektor der Staatlichen Museen unterstellt worden, um die Verbindung von der Unterrichtsverwaltung zu der vielgestaltigen Welt der Museen in ihrer ganzen Breite wahrnehmen zu können. Es liegt also im Rahmen dieser Aufgabe, eine umfassende Museumspädagogik praktisch zu erproben und auszubilden. Wenn der Einsatz beim Staatlichen Museum für Deutsche Volkskunde in Berlin erfolgte, so sollte damit zum Ausdruck gebracht werden, daß die Erschließung der Volksmuseen für die pädagogische Aufgabe zu den dringendsten Vorhaben im Rahmen des Ganzen gehört, und anerkannt, daß das Berliner Museum für Volkskunde unter seiner ausgesprochen erzieherisch gewendeten Leitung schon seit Jahren fruchtbare Formen schulisch-musealer Arbeit erprobt hat. Von diesen Ansätzen ausgehend, soll die weitere Zusammenarbeit sich entfalten.

Innerhalb der Entwicklungsgeschichte unseres Schulwesens ist die Einbeziehung der Museen als Erziehungsstätten im Dienste der Jugenderziehung neu begründet worden durch den Hinweis auf einen maßvollen Arbeitsunterricht, wie wir ihn in den Richtlinien von 1938/1939 finden. Mit der dortigen Formulierung ist die Plattform geschaffen, auf der auch die Museen als Anschauungs- und Arbeitsstätten innerhalb des planmäßigen Schulunterrichts ihren tätigen Beitrag entwickeln können.

---

chen Sammlungen unserer Museen sollen dem Unterricht als eine Welt lebendiger Anschauung erschlossen werden und es dem Lehrer ermöglichen, mit seinen Kindern jenen Weg zu gehen, der sich noch immer als der ergiebigste, kürzeste, unbeschwerteste und kindgemäße erwiesen hat, und der gelegentlich als der Weg von der Anschauung zum Begriff bezeichnet wurde.«[86]

Reichwein will die Bestände des Museums vor allem als Beispiele materialgerechten, zweckmäßigen und formschönen Werkens nutzbar machen, um so unter dem übergeordneten Ziel einer Erneuerung der »gegenständlichen Kultur«[87] zu einer grundlegenden »Geschmacksbildung aus dem Geist der alten Volkskunst«[88] beizutragen.

Soll die angestrebte kulturelle Erneuerung wirklich effektiv sein und vor allem breite Schichten der Bevölkerung erreichen, muß sie nach Reichwein »von unten«, d.h. im Unterricht, und da vor allem im Bereich des Werk-, Zeichen- und Handarbeitsunterrichts in den Volksschulen beginnen. Reichwein wendet sich daher mit seinen volkskundlich-museumspädagogischen Aktivitäten in erster Linie an die Schulen und ihre Lehrerschaft, insbesondere an die Werklehrer und -lehrerinnen.

Durch die Auseinandersetzung mit den vorbildlichen Werken der tradierten Volkskunst sollen Impulse freigesetzt werden für die Entfaltung der eigenen kreativen Fähigkeiten und das gestalterische Schaffen, um damit Möglichkeiten zu eröffnen für eine »schöpferische Mitgestaltung der persönlichen Lebenswelt«.[89] Es gehe darum, »das Erbe volkstümlicher Gestaltung, die Zeugnisse des überlieferten Volksgutes verpflichtend zu nehmen und auf eine persönliche und durchaus gegenwartsgebundene Weise in dem eigenen Schaffen zur Geltung zu bringen«.[90]

Bereits Anfang 1941, nach wenig mehr als eineinhalbjähriger Tätigkeit am Berliner Volkskundemuseum, legt Reichwein – er ist wegen seiner schweren Kriegsverwundung im Ersten Weltkrieg vom Militärdienst befreit – ein differenziertes Rahmenkonzept für die museumspädagogische Arbeit in seinem programmatischen Aufsatz »Schule und Museum« vor.[91] Dieser Grundsatzartikel enthält mit der Skizzierung von Grundzügen zur Organisation der Zusammenarbeit zwischen der Bildungseinrichtung Schule und der Bildungsstätte Museum zugleich eine wohldurchdachte Aufstellung eines allgemeinen methodischen Gerüsts für die pädagogische Arbeit am und vom Museum aus, das von exemplarischer Bedeutung ist für »die erzieherische Gemeinschaftsarbeit von Schule und Museum«.[92] Es sind praktische Richtlinien für die museumspädagogische Arbeit, die nicht nur für großstädtische, sondern gleichermaßen auch für klein- und mittelstädtische Verhältnisse, also auch für kleinere Heimatmuseen berechnet sind, und mit denen er sich nicht nur an bestimmte Fachlehrer oder etwa nur an Volksschullehrer wendet, sondern vielmehr an die Lehrer aller Unterrichtsfächer und Schulformen.

Die verschiedenen, damals einzeln an anderen Museen vorhandenen Arbeitsformen hat Reichwein systematisch zusammengefaßt, selbst in der Praxis erprobt und optimiert und um die von ihm neu konzipierten Arbeitsformen der Schulausstellungen und der Lehrerpraktika im Museum erweitert. Reichwein betont ausdrücklich, daß die vorgeschlagenen Arbeitsformen nicht zu einer zusätzlichen Arbeitsbelastung der Lehrer führen sollen, im Gegenteil: die Einbeziehung der in den Museen gesammelten Gegenstände in den Schulunterricht soll eine spürbare Entlastung für die Erzieher darstellen.[93] Danach ergibt sich ein Kanon von sechs Arbeitsformen, von denen sich die ersten drei an den Lehrer und seine Schulklasse, die übrigen ausschließlich an den Lehrer wenden:

»1. die *Schausammlung*, der die Idee eines unterrichtlichen Vorhabens zugrunde liegt;
2. der *Gelegenheitsbesuch* des Lehrers mit seiner Klasse, jeweils zwischen Schule und Museum vereinbart;
3. die *Arbeitsgemeinschaft* von Lehrer und Klasse im Rahmen und in den Räumen des Museums;
4. die wissenschaftliche *Lehrerarbeitsgemeinschaft* (mit praktisch-pädagogischer Besprechung verbunden);
5. die *wissenschaftliche Vortragsreihe*, als Mittel allgemeiner Unterrichtung der Lehrerschaft über das Arbeitsgebiet des Museums, in Verbindung mit praktischer Anschauung;
6. die *Lehrerpraktika*, die z.T. unterrichtsmethodischen Zwecken dienen, d.h. der Erschließung des Museums für die einzelnen Fächer des Unterrichts der verschiedenen Schulgattungen, z.T., wie für Zeichen- und Werklehrer etwa, der unmittelbaren praktischen Vorbereitung des Unterrichts.«[94]

Die Schausammlung ist nach Reichwein die umfassendste Form für die pädagogische Arbeit des Museums. Ihr liegt die »praktische Trennung von Magazin und Schausammlung« zugrunde, wie sie sich »in jüngster Zeit, wenigstens als Anspruch und Ziel durchgesetzt hat«.[95] Reichwein plädiert für die sorgfältige und wohl begründete Ausgliederung nur solcher Objekte aus dem Gesamtbestand des Museums, die sich um ein ganz bestimmtes, klar umgrenztes und gedanklich leicht zu überschauendes Thema gruppieren und zu einer für unterrichtliche Vorhaben gut ausschöpfbaren Schausammlung zusammenstellen lassen. Diese Form der Schausammlung hat Reichwein zur Konzeption

Plakat zur »Ton-und-Töpfer-Ausstellung (1939)

thematisch wechselnder Schulausstellungen von jeweils etwa halbjähriger Dauer am Museum für Deutsche Volkskunde in Berlin weiterentwickelt.

Eine solche, an didaktischen Überlegungen orientierte Schausammlung stand zur Zeit Reichweins noch ganz im Gegensatz zur herkömmlichen Praxis musealer Präsentation, die nach dem Prinzip der Lückenlosigkeit alle nur erdenklichen und verfügbaren Gegenstände zumeist ohne Berücksichtigung pädagogischer Gesichtspunkte in der Ausstellung aneinanderzureihen suchte.

Reichwein hingegen fordert, daß schon bei der Wahl des Ausstellungsthemas darauf geachtet werden müsse, daß das zu behandelnde Stoffgebiet dem unmittelbaren Lebensbereich der Kinder zugänglich und begreifbar ist; bei der Vorbereitung und beim Aufbau der Ausstellung sollten die kindlichen Ansätze, seine lebensweltliche Situation, seine spezifischen Aneignungs- und Äußerungsformen unbedingt ins Kalkül gezogen werden. Museale Ausstellungen gelingen um so besser, schreibt er, 9»je stärker sie ausstellungstechnisch in jeder Weise dem kindlichen Auffassungsvermögen angemessen« sind.[96] Durch eine klare Gliederung des Aufbaus soll dieses Anliegen noch unterstrichen werden. Um den Erfordernissen der Lehrpläne und den Wünschen der Schule besser gerecht werden zu können, hält Reichwein die Mitarbeit eines Pädagogen der örtlichen Schulbehörde für zweckmäßig, der in engem Kontakt zur örtlichen Museumsleitung steht.[97]

Das museumspädagogische Grundmuster seiner Ausstellungen hat Reichwein exemplarisch in der Begleitschrift zur ersten Schulausstellung »Ton und Töpfer« erläutert, die am 4. November 1939, also nicht einmal ein halbes Jahr nach seinem Dienstantritt in Berlin, anläßlich des 50jährigen Jubiläums des Volkskundemuseums eröffnet wurde. Darin heißt es:

»Das Töpfern zählt zu den ersten Handwerken der frühen Zeit. Es wird heute an vielen Stellen seine Erneuerung im Geist bäuerlich-handwerklicher Überlieferung erstrebt. Und dann gehört bei uns allen, in ganz besonderem Maße aber bei der Jugend des Schulalters, zu den stärksten Erinnerungen unserer frühen Kindheit der Umgang mit dem knetbaren Ton. Schließlich war noch bestimmend für diesen ersten Griff gerade in die Tonwarenbestände des Museums die Überlegung, daß von dieser Ausstellung 'Ton und Töpfer' eine besonders breite und starke Wirkung auf den Unterricht unserer Schulen ausgehen könnte. Die Schausammlung ist dem jugendlichen Ordnungsbedürfnis entsprechend so aufgebaut, daß der Besucher von Beispielen früher und frühester Töpferkunst über eine Sammlung der Grundformen deutscher Töpfereien zu den mannigfachen Zwecken und Zweckformen des Töpferhandwerks geführt wird, von dort zu der Besonderung der deutschen Töpferlandschaften, deren jede ihre bodenständige Technik und volkskünstlerische Form entwickelt und in langer Überlieferung bewahrt hat; und am Ende steht der Besucher in dem Raum,

Brief Adolf Reichweins vom 11. 3. 1941 an Heinz Metz

der an diese Überlieferung anknüpft und uns eine Auswahl aus dem Schaffen des heutigen Töpferhandwerks zeigt, und inmitten dieser Dinge sieht er den Handwerker selbst bei der Arbeit.«[98]

Das war eine höchst lebendige Einführung in ein Gebiet der Alltagskultur, die den kindlichen wie den erwachsenen Besucher ganz direkt ansprach. Er durfte nicht nur die verschiedenen Werkstoffgruppen kennenlernen, wie sie in den reichen Beständen des Museums vorhanden waren, sondern er erfuhr auch etwas über den Menschen als Produzenten und Konsumenten der Gegenstände.

Mit seinem Konzept »Schule und Museum« wollte Reichwein die museale Inszenierung sowohl von elitären, überhöhten Darstellungsansprüchen befreien wie über die üblichen oberflächlichen Objektbeschreibungen herausheben, die im allgemeinen den Museumsleuten genügen mit der bequemen Ausrede, daß die Exponate doch 'für sich' sprächen! Im Berliner Volkskundemuseum hingegen sollte durch Aufstellung und Text die Einbeziehung in eine soziokulturelle Lebenswelt geleistet werden.

Reichwein konzipiert und organisiert nach dem Modell der »Ton-und-Töpfer«-Ausstellung drei weitere große Schulausstellungen zu den Themen Weberei, Holz- und Metallverarbeitung. Alle Ausstellungen zeigen die Lebensbedingungen der Handwerker ebenso wie den gesamten Produktionsvorgang und die Technik- und Wirtschaftsgeschichte und werden ergänzt durch Begleitschriften, die in die jeweilige Thematik im kulturgeschichtlichen Zusammenhang einführen, durch pädagogische Führungen und technische Medien, wie etwa Dia-Vorträge und Filmvorführungen. Reichweins Schulausstellungen am Berliner Volkskundemuseum gelten in ihrer didaktischen Aufbereitung nach wie vor als museumspädagogische Modellausstellungen.

Zu der unmittelbar museumspädagogischen Arbeit, also dem Erproben verschiedener Arbeitsformen im Museum wie dem Aufbau pädagogischer Ausstellungen, Führungen von Schulklassen und Lehrern, volkskundlich-werkpädagogischen Arbeitsgemeinschaften und Lehrerpraktika, dem systematischen Erkunden, Sammeln und Auswerten museumspädagogischer Praxisformen kamen in zunehmendem Maße die Aufnahme und Pflege von Kontakten mit Vertretern der städtischen Schulverwaltungen und des Reichserziehungsministeriums sowie die Beratung von Museumsleitern und Betreuern hinzu, die alle für eine weitere Optimierung der Zusammenarbeit zwischen Museum und Schule gewonnen werden mußten. Eine solchermaßen »reichsweit-zentrale Tätigkeit beiderseits der Nahtstelle von Pädagogik und Bildungspolitik bzw. -verwaltung«[99] erforderte von ihrem Amtsträger ein Höchstmaß an persönlicher Überzeugungskraft, Initiative, geistiger Flexibilität und nicht zuletzt an Mobilität, da die Ausfüllung dieses Amtes, das ohne historisches Vorbild war, mit einer Vielzahl von Reisen zu Vorträgen und Lehrgängen in allen Teilen Deutschlands und den besetzten Ländern Europas verbunden war.

Zudem hat der durch seine Experimente mit Unterrichtsfilmen in der Tiefenseer Landschule medienversierte Reichwein zumindest in der Anfangsphase bis zum Frühjahr 1940 noch pädagogische Aufgaben beim deutschen Rundfunk im Rahmen der Programmgestaltung des Schulfunks übernommen.

Wie ein ganz normaler Arbeitstag für ihn aussah, schildert Reichwein seinen Eltern in einem Brief vom 16. April 1940: »Meine Arbeit? Ich fahre morgens um 1/2 9 in die Stadt, bin um 9 Uhr im Prinzessinnenpalais und beginne meine wechselnde Arbeit; baue Ausstellungen für pädagogische Zwecke auf (gegenwärtig z.B. die 2. Schulausstellung 'Holz im deutschen Volkshandwerk', die beide Geschosse des Gebäudes füllen wird), führe Lehrkörper und Schulklassen durch die Ausstellungen, in denen immer auch Handwerker (Töpfer oder Schnitzer) zeigen, wie gearbeitet wird, mache fast täglich nachmittags von 5-7 Lehrgänge und Praktika für Lehrer, in denen Volkskunde getrieben wird oder praktisch gebastelt wird (in Holz, Weiden, Textil usw.), je nach den Bedürfnissen der Knaben- und Mädchenschulen. Dazwischen laufen redaktionelle Arbeiten für Jugendschriften, die volkskundliche Gegenstände in die Schulen tragen sollen, Arbeiten an Lichtbildreihen zur Volkskunst für die 'Reichsanstalt für Film und Bild', Versuche mit farbigen Lichtbildern für die Schulen. Dazwischen immer Besuche von Referenten aus der Stadtverwaltung und dem Reichserziehungsministerium mit Aussprachen über die weiteren Arbeitsmöglichkeiten zwischen Museen und Schulen.

Begegnung mit Elisabeth Eckert, Bezirksführerin im Reichsarbeitsdienst (links), und Asta von Larisch, Stabsführerin in der Reichsleitung (Juni 1941 in Göhren)

Manchmal fahre ich zwischen 2 und 3 mal zum Essen nach Hause, um 8 abends bin ich dann wieder zurück. Es sind ausgefüllte Tage. In den letzten 2 Tagen habe ich z.B. zwischendurch in unserem Saal eine Ausstellung von Stickereien von Schulmädchen und jungen Arbeiterinnen aufgebaut, die zeigen soll, wie man heute wieder die alte volkstümliche Stickereitradition schon in der Erziehung erneuern kann.«[100]

In den Jahren zwischen 1940 und 1944 unternimmt Adolf Reichwein zusätzlich zu der eigentlichen Museums- und Ausstellungsarbeit in Berlin mehr als einhundert über das gesamte Reichsgebiet verstreute Reisen zu museums- und werkpädagogischen Vorträgen und Kursen. Die Beschäftigung mit Fragen der ästhetischen Erziehung mündet bei Reichwein dabei in ein verstärktes bildungspolitisches Engagement für den verbindlichen Einbau des Werkunterrichts in den Kanon der musischen Fächer aller Schulgattungen. Das Werben für sein Konzept einer gestaltenden Werkerziehung im Dienste einer grundlegenden Geschmacks- und Formerziehung aus dem »Geist der alten Volkskunst«[101] wird zu einer zentralen Arbeitsrichtung seiner Museumspädagogik.

Aus Sorge um die Erneuerung der handwerklich-industriellen »Formgebung« setzt sich Reichwein in verstärktem Maße auch für eine qualifizierte handwerklich-industrielle Nachwuchserziehung in den Berufs- und Fachschulen des Handwerks ein und plädiert in Vorträgen vor Betriebsbelegschaften und in Besprechungen mit Betriebsleitern für »werkgerechtes«, »farb-« und »formschönes« Industriedesign in der Gebrauchsgüterherstellung.

Besonders intensive und breitgefächerte Kontakte im außerschulischen Bereich pflegt Reichwein während der Kriegsjahre zur »Führerschaft« verschiedener NS-Jugendorganisationen, etwa zur weiblichen Landjugend innerhalb des Reichsnährstands, vor allem aber zum weiblichen Reichsarbeitsdienst (RAD) und zur weiblichen Hitlerjugend, dem BDM, bei denen er durch Vorträge zu Fragen der Volkskunst und durch Beratungsgespräche Einfluß auf die volkskundlich-werkpädagogische Ausbildung innerhalb der »Führerinnenschulung« zu gewinnen versucht.[102]

Auf seinen Vortragsreisen gewinnt Reichwein schließlich von Ostpreußen bis Thüringen und Süddeutschland ein Netz von Mitarbeitern, so daß er in einem Brief von Ostern 1944 an seinen Schwiegervater *Ludwig Pallat* erste Erfolge seines werkpädagogischen Engagements vermelden kann:

»Übrigens hat die – wenn ich so sagen darf – stille und hintergründige Arbeit an den werkerzieherischen Aufgaben in der jüngsten Zeit eine Reihe recht erfreulicher Früchte getragen; meine Taktik war in den letzten Jahren ja so angelegt, daß ich durch Vorträge und Lehrgänge draußen im Lande ständig Unruhe schuf, die Augen und Gedanken der 'Zuständigen' darauf hinlenkte, daß im Kreis der musischen Erziehung noch der volle Einbau der Werkerziehung fehle, daß es hier um den gegenständlichsten Ausschnitt der gesamten Ausdruckspädagogik gehe und daß hier jetzt der Bewegungskampf der pädagogischen Bewegung sein nächstes großes Aufgabenfeld finde [...]. Es war meine Taktik, die verantwortlichen Herren im Ministerium durch regelmäßige Besuche und Berichte anzuregen und in meine Richtung zu bringen; außerdem bestimmte Präsidenten und Regierungen [gemeint sind Regierungspräsidien] zu gewinnen, die notwendige konkrete Arbeit zu ermöglichen. Beides ist – das darf wohl heute gesagt werden – durch jahrelange Kleinarbeit (steter Tropfen höhlt den Stein) gelungen, und damit ist weiterer fester Grund gelegt für etwa Künftiges auf diesem Felde.«[103]

Bei all den oft rastlos wirkenden Aktivitäten am und vom Berliner Volkskundemuseum aus kam es in zunehmendem Maße zur Verschränkung von museumspädagogisch-bildungspolitischer Tätigkeit auf der einen und zunächst planender, schließlich konspirativer Arbeit im aktiven Widerstand gegen das Hitler-Regime auf der anderen Seite. Beide Aktivitäten sind »in der Sache und im Tätigkeitsablauf oft gar nicht unterscheidbar«.[104] Vor allem die vielen Reisen quer durch das gesamte Reichsgebiet tarnen in immer stärkerem Maße seine illegale Arbeit im aktiven Widerstand gegen das NS-Regime.

2. Engagement im aktiven Widerstand gegen das NS-Regime

Schon bald nach seinem Wechsel nach Berlin hatte sich Reichwein dem Freundeskreis um *Helmuth James von Moltke* und *Peter Yorck von Wartenburg* angeschlossen, dem »Kreisauer Kreis«, wie diese Widerstandsgruppe später in den Ermittlungsakten der GeStaPo genannt wurde. *Moltke* und einige andere Gründungsmitglieder kannte Reichwein bereits seit März 1928, als er zusammen mit dem Soziologen *Eugen Rosenstock-Huessey* das erste von drei Arbeitslagern mit Arbeitern, Bauern und Studenten bei Löwenberg in Niederschlesien geleitet hatte. Reichwein ist der Verbindungsmann der »Kreisauer« zu den verschiedensten Widerstandsorganisationen in Deutschland und im benachbarten Ausland. Durch Reichweins Kontakte konnten Vertreter der Arbeiterbewegung wie *Carlo Mierendorff*, *Theodor Haubach*, *Wilhelm Leuschner* und vor allem *Julius Leber* für die »Kreisauer« Planungsarbeit gewonnen werden.

Der »Kreisauer Kreis«, in den Jahren zwischen 1939/40 bis 1942 auf der Basis persönlicher Freundschaften allmählich zusammengewachsen, umfaßte in seinem Kern etwa 20 Personen, Menschen verschiedener politischer Richtungen, sozialer Herkunft und geistiger Verwurzelung. Konservative, Liberale und Sozialdemokraten, Jesuitenpatres und evangelische Pfarrer gehörten ihm an und fanden sich mit Angehörigen des preußischen Adels zusammen, »um gemeinsam aus einem tiefen moralischen Antrieb heraus für die Überwindung des herrschenden Unrechtssystems und den Aufbau einer neuen, freiheitlichen Ordnung zu arbeiten«.[105]

Bei mehreren großen konspirativen Zusammenkünften auf dem Moltkeschen Gut in Kreisau in Schlesien 1942/43 und bei ungezählten kleineren Treffen, häufig auch in Reichweins Dienstzimmer im Prinzessinnenpalais, befassen sich die »Kreisauer« mit dem staatlichen und wirtschaftlichen Neuaufbau in Deutschland nach dem Ende des Zweiten Weltkrieges. Im Zentrum der programmatischen Überlegungen zur angestrebten gesellschaftlichen Neuordnung steht die Idee von einer auf kommunalen wirtschaftlichen und kulturellen Selbstverwaltungs-Körperschaften aufbauenden Gesellschaftsstruktur, von einem dezentralen Staatsaufbau von unten nach oben, basierend auf den Prinzipien von Eigenverantwortung und Mitbestimmung des einzelnen. Die Hauptziele ihrer politischen Planungen sind der radikale Bruch mit dem Obrigkeitsstaat und damit die Überwindung der alten nationalstaatlichen Rivalitäten, die zweimal schon zu Weltkriegen geführt hatten, und die Bildung einer europäischen Föderation freier souveräner Staaten mit gesamteuropäischer Regierung, eingebunden in das visionäre Konzept eines »Weltbundes der Kontinente«, wie es Reichwein schon in seinen Weltwirtschaftsstudien in den 20er Jahren in ganz ähnlicher Form vertreten und beschrieben hatte. Grundlagen für die geistige und politische Erneuerung Deutschlands sollten »die ethischen Werte des Christentums und die Ideen eines undogmatisch verstandenen Sozialismus«[106] sein; als Träger des Neuaufbaus wurden vor allem die freiheitlich gesonnene deutsche Arbeiterschaft und mit ihr die christlichen Kirchen angesehen.

Adolf Reichwein, dessen Frau und vier Kinder nach der Ausbombung ihrer Berliner Wohnung im August 1943 auf dem Gutshof von *Freya* und *Helmuth von Moltke* in Kreisau Zuflucht gefunden hatten, gehört zum engsten Kern des »20. Juli«. Er ist der einzige eigentliche »Schulfachmann« im »Kreisauer Kreis«. Auf seinen Schultern ruhte die Hauptlast für die Ausarbeitung von Grundsätzen zu einer umfassenden Bildungsreform und die Verantwortung für die Auswahl geeigneter Persönlichkeiten zur Besetzung aller wichtigen Stellen im neu aufzubauenden Erziehungswesen. Er selbst gilt als Kultusministerkandidat für eine Regierung nach *Hitler*.

Auf der ersten größeren Tagung in Kreisau vom 22. bis 25. Mai 1942 trägt Reichwein seine Gedanken zu Fragen der Erziehung im allgemeinen und der Schule im besonderen vor. Neben ihm referieren noch *Theodor Steltzer* und *Augustin Rösch* über das Verhältnis von Staat und Kirche aus evangelischer bzw. katholischer Sicht, *Hans Peters* über Kulturfragen und das Konkordat 1933 und schließlich *Moltke* über Leitgedanken einer Universitätsreform.

Die Ergebnisse der Diskussion werden schriftlich fixiert und mit Datum vom 27. Mai 1942 erstmals zu einer Grundsatzerklärung über die Teilbereiche »Kirche und Staat, Schule, Universitäten und Hochschulen« zusammengefaßt.[107] In diese Grundsatzerklärung – wie auch in das letzte Memorandum des »Kreisauer Kreises« vom 9. August 1943 – haben die überwiegend von Reichwein erarbeiteten bildungspolitischen Vorschläge, wie sie noch am unmittelbarsten in einem Dispositionspapier »Gedanken über Erziehung« vom 18. Oktober 1941 abzulesen sind, nur in zum Teil stark abgeänderter Form Eingang gefunden.

Die »Gedanken über Erziehung« vom Oktober 1941 behandeln ausführlich die Themenbereiche: Lehrerbildung, Schulverwaltung, Schulorganisation, Schulform und pädagogischer Grundansatz.[108]

Die Ausgangslange für die darin zum Ausdruck gebrachten bildungspolitischen Überlegungen wird gleich zu Beginn dieser Denkschrift folgendermaßen charakterisiert: »Das Absinken des Haltungs- und Leistungsniveaus der Schule während der letzten Jahre ist begründet in dem entscheidenden Mangel einer Glaubens- und Überzeugungsgrundlage, ohne deren strukturierende Kraft keine Erziehung möglich ist.« (S. 1)

Ferienhaus der Schwiegereltern Pallat in Vitte auf Hiddensee; die Kinder Renate, Roland und Kathrin

Eine innere Erneuerung der Schule könne aber nur gelingen, wenn die Ausbildung des Lehrers auf den festen Grund christlich-humanistischer Werte gestellt würde. (Vgl. S. 2) In enger Anlehnung an das konzeptionelle Vorbild der ehemaligen preußischen Pädagogischen Akademien werden Aufgaben und Funktion der zukünftigen Lehrerbildung bestimmt: »Ziel der Lehrerbildung also muß gerade künftig sein, einen geistig selbständigen, sittlich festen und verantwortungsfähigen Lehrer heranzubilden, dem man später in der Schule weitgehende Selbständigkeit geben kann.« (S. 4)

Dieser Standpunkt konnte allerdings bei einem Teil der »Kreisauer«, die an der Ausbildungsform des Lehrerseminars auf Fachschulebene festhielten, nicht durchgesetzt werden, so daß die wichtige Frage der Lehrerbildung bei der Formulierung der Grundsatzerklärung auf der ersten Tagung in Kreisau im Mai 1942 offengelassen wurde, und es auch bis Sommer 1943 - bei der Verabschiedung der »Grundsätze für die Neuordnung« vom 9. August 1943 - keine abschließende Einigung über diese Position gab.

Auch im Hinblick auf die Verwaltungsstruktur des Bildungswesens sollten die Schulen eine »weitgehende pädagogische Autonomie und allgemeine Selbständigkeit« (S. 8) erhalten, was nur durch eine »beträchtliche Einschränkung der Schulverwaltungsmaßnahmen [...] vom Schulrat abwärts« erreicht werden könne. (S. 4) Dadurch würde die Schulverwaltung ganz wesentlich entlastet und frei werden »für die eigentlichen, menschlich betreuenden und pädagogisch beratenden Aufgaben sowie die Fortbildung und Weiterbildung der Lehrerschaft«. (S. 8)

Eine besondere Stellung im schulischen Ausbildungsbereich wird in diesem Diskussionspapier vom Oktober 1941 dem Schulleiter zugemessen, so daß bei seiner Auswahl besondere Sorgfalt zu obwalten habe. Danach sollen vor allem die höheren Schulen (Humanistisches Gymnasium und Deutsche Oberschule) »besondere Schulcharaktere prägen, deren Gesicht durch den Schulleiter weitgehend bestimmt wird, der eine hervorragende Erzieherpersönlichkeit sein soll, die weniger für die Verwaltung als für den persönlichen, erzieherisch-impulsiven Einsatz bestimmt ist«. (S. 6)

Hinsichtlich des schulorganisatorischen Aufbaus sah die Denkschrift vom Herbst 1941 eine vierjährige Grundschule vor, der sich eine fünfjährige Volksschuloberstufe bzw. ein in ein Humanistisches Gymnasium und eine Deutsche Oberschule gegabelter Bereich der Höheren Schule anschließt. Privatschulen sollten - gewissermaßen als »Versuchsschulen« (S. 5) - nur in Ausnahmefällen, etwa für »hervorragende Erzieherpersönlichkeiten«, und auch nur insoweit zugelassen werden, als von ihnen »eine innere Weiterentwicklung des gesamten Schulwesens erwartet« (S. 5) werden könne. Um der Bildung eines Elitebewußtseins gegenzusteuern, sollte ein hoher Prozentsatz staatlicher »Freistellen« für sozialen Ausgleich sorgen. In den Staatsschulen »sind Unterricht und Lehrmittel frei«. (S. 5)

Das herkömmliche Abgangszeugnis sollte in allen Schulgattungen abgelöst werden »von einer Abgangsbescheinigung, die die gewonnene Ausbildung allgemein charakterisiert«. (S. 6) Als Voraussetzung für die Immatrikulation an Hochschulen und Universitäten waren das Abitur und eine an der individuellen Leistung orientierte Aufnahmeprüfung vorgesehen.

Auf der Ebene der Hochschulen, und für diese Pläne ist wohl wesentlich *Moltke* verantwortlich, der sich intensiv mit Hochschulfragen beschäftigt hat, wurde differenziert in (Fach-) Hochschulen für die fachliche Ausbildung und »Reichsuniversitäten« für Forschung und Lehre, erstere mehr auf Spezialisierung, letztere wesentlich auf Universalität des Wissens ausgerichtet und für fachlich bereits qualifizierte Studenten mit abgeschlossenem Hochschulstudium gedacht, für eine Bildungselite also, die die leitenden Stellen im öffentlichen Dienst besetzen sollte.

Für die Reichsuniversitäten sollten ähnlich wie für die höheren Schulen die Prinzipien »weitgehender Autonomie und Selbstverwaltung« gelten.

In der Diskussion um die Schulform kam der Frage des Religionsunterrichts »eine ganz besondere und grundlegende Bedeutung zu«, wie es in den »Gedanken über Erziehung« im Oktober 1941 heißt. (S. 7) Dabei ging es im wesentlichen um die Frage, »ob und wieweit überhaupt eine religiöse Unterweisung dieser Art möglich ist«. (S. 7) Folgender Lösungsvorschlag für diese schwierige Problematik wurde in der Herbstdenkschrift von 1941 unterbreitet: Der Religionsunterricht sollte aus den Staatsschulen herausgenommen und »in die Hand der Kirchen und außerhalb der Schulen« gelegt werden. (S. 7)

Dieser Schulreformvorschlag in Richtung einer »christlichen Gemeinschafts(Simultan-)Schule ohne Religionsunterricht«[109] wurde bei den großen »Kreisauer« Tagungen 1942 und 1943 und in Besprechungen und Debatten danach in kleineren Gruppen unter dem Einfluß vor allem der katholischen Vertreter im »Kreisauer Kreis« allerdings verworfen.

Bereits in der Grundsatzerklärung der ersten »Kreisauer« Beratung vom 22. bis 25. Mai 1942 zu den Teilbereichen »Kirche und Staat, Schule, Universitäten und Hochschulen« heißt es: »Die staatliche Schule ist eine christliche Schule mit Religionsunterricht beider Konfessionen als Pflichtfach. Der Unterricht wird im Auftrage der Kirchen nach Möglichkeit durch Geistliche ausgeübt.« Diese nach der dritten Kreisauer Tagung Pfingsten 1943 in den »Grundsätzen zur Neuordnung«

im August 1943 noch einmal fast wörtlich wiederholte Position[110] ist in der Folgezeit wohl vor allem auf Initiative *van Husens* und *Lukascheks* unter Hinweis auf das Konkordat von 1933 sowie die schulpolitische Einstellung im katholischen Episkopat zugunsten einer reinen Konfessionsschule als Schulform revidiert worden.

Was den pädagogischen Grundansatz für die schulische Erziehung betrifft, so stellt das Papier »Gedanken über Erziehung« vom 18. Oktober 1941 drei »grundlegende methodische Fragen« (S. 3/4) zur Disposition und weiteren inhaltlichen Klärung:
1. »das Verhältnis des Lehrers zum Schüler (die Strafordnung einschließend)« (S. 4), also die Frage des pädagogischen Bezugs und des Erziehungsstils in der Schule;
2. »Grundfragen der Unterrichtsmethode (Arbeitsunterricht, Rolle der Werkerziehung usw.)«, die »allgemeinverpflichtend geklärt« werden müßten (S. 4);
3. »die sittlichen Grundsätze der Erziehung« (S. 4).

Diese zentralen Fragen einer inneren Schulreform finden in den späteren Grundsatzerklärungen des »Kreisauer Kreises« in ganz unterschiedlicher Gewichtung Ausdruck.

Angesichts der durch die NS-Ideologie totalitär verzerrten pädagogischen Wertorientierung wurde vor allem dem dritten Fragenkomplex erhöhte Aufmerksamkeit geschenkt. Sowohl in den »Kreisauer Dokumenten« vom 27. Mai 1942 als auch in ihrer letzten Aus-

Adolf Reichwein mit seinen Kindern Renate, Kathrin und Roland (von links)

formulierung vom 9. August 1943 finden die Gedanken zur Ausrichtung der Erziehung auf ein humanes Leitbild und zu einer ethisch-religiösen Grundorientierung aller pädagogischen Arbeit eine konzentrierte Zusammenfassung.

Ausdrücklich wird in dem Mai-Memorandum von 1942 auch die arbeitsunterrichtliche Fragestellung, die Frage der Werkerziehung in der Schule, aufgegriffen und in die folgende Textpassage eingebunden: »Die Schule soll das Recht des Kindes auf eine ihm gemäße Erziehung verwirklichen. Sie soll seine sittlichen Kräfte wecken und stärken. Tätiges Lernen formt den Charakter für das spätere Leben. Das Kind soll jenes Maß von Wissen und Können erwerben, das dem geforderten Leistungsbild seiner Altersstufe entspricht.« Die Formulierung »tätiges Lernen« – und damit der Hinweis auf das von Reichwein angestrebte Prinzip des Arbeitsunterrichts und den allgemeinverbindlichen Einbau des Werkunterrichts in den Kanon der musischen Fächer aller Schulgattungen – fehlt in der letzten Fassung der »Kreisauer Grundsatzerklärungen« vom 9. August 1943.

Auch die Fragen des pädagogischen Bezugs und des Erziehungsstils, wie sie in der Herbstdenkschrift von 1941 aufgeworfen wurden, werden in den nachfolgenden »Kreisauer Dokumenten« 1942/1943 nicht weiter aufgegriffen.

Der in seinen bildungspolitischen Grundzügen wesentlich von Reichwein stammende Entwurf »Gedanken über Erziehung« vom 18. Oktober 1941 stellt ein in seiner Geschlossenheit bemerkenswertes Konzept »einer kombinierten inneren und äußeren Schulreform unter Einschluß von Lehrerbildung und Schulverwaltung« dar.[111] Bei der Mehrheit der »Kreisauer« und in den programmatischen Aussagen des Kreises 1942 und 1943 haben sich die von Reichwein entwickelten Ansätze jedoch nicht oder nur zum geringen Teil durchsetzen können.

Wesentlich belebt wurden die Aktivitäten der »Kreisauer« ab Sommer 1943 durch den neu hinzugekommen, einflußreichen sozialdemokratischen Arbeiterführer *Julius Leber* und seit Herbst desselben Jahres vor allem durch die engere Verbindung der »Kreisauer« mit *Claus Graf Schenk von Stauffenberg.* Beide sollten in der Folgezeit eine immer bedeutendere Rolle nicht nur im »Kreisauer Kreis«, sondern im deutschen Widerstand überhaupt spielen.

Zunehmend erschwert wurde die konspirative Arbeit durch die schweren Bombenangriffe der Alliierten, die bis Ende 1943 bereits große Teile Berlins zerstört und mehrere Tausend Opfer unter der Zivilbevölkerung gefordert hatten.

Anfang Dezember trifft auch die »Kreisauer« Freunde ein furchtbarer Schlag. Bei einem Luftangriff der Alliierten auf Leipzig wird *Carlo Mierendorff* getötet. Es sind ergreifende Worte, mit denen Reichwein am 10. Dezember 1943 den gemeinsamen Freund *Willi Brundert* von dem Tod *Mierendorffs,* des vielleicht wichtigsten politischen Hoffnungsträgers der Nachkriegszeit, benachrichtigt:

»Mein lieber Willi Brundert, eine schwere Nachricht muß geschrieben werden: unser Carlo ist nicht mehr unter uns. Jedes Empfinden, jeder Gedanke sträubt sich, es zu denken, zu sagen, zu schreiben – immer wieder erscheint es unfaßlich. [...] wieviel leerer, atemberaubend leerer Raum ist jetzt da. Es ist einfach nicht zu fassen. [...] Ach, wie hat die nächste Welt um uns sich durch diesen Tod verändert. Und wieviel Erbe gilt es treu zu bewahren.«[112]

Die nächste Hiobsbotschaft ereilt die »Kreisauer« Mitte Januar 1944, als sie erfahren, daß *Moltke* aus eher nichtigem Anlaß von der GeStaPo verhaftet worden ist. «[...] ein Wintergewitter, und der Blitz hat dicht neben uns eingeschlagen«, schreibt Reichwein erregt in einem Brief an seinen Freund *Carl Rothe.*[113]

Die Verhaftung *Moltkes* traf, ohne daß dies der GeStaPo bewußt war, das Nervenzentrum dieser Widerstandsgruppe und riß eine empfindliche Lücke in deren innersten Kreis. Nach einer kurzen, von großer Unruhe geprägten Phase der Sammlung und Selbstvergewisserung rückte nun *Peter Graf Yorck von Wartenburg* an die Spitze des »Kreisauer Kreises«. Seiner Führungskraft ist es zu verdanken, daß die Widerstandsgruppe in dieser schwierigen Phase nicht in ihrer Substanz auseinanderfiel. *Yorcks* Wohnung in der Hortensienstraße in Berlin, auch vorher schon der häufigste Treffpunkt der Verschwörer, wurde nun die eigentliche Schaltzentrale der »Kreisauer«. Und neben *Yorck* trat bei den Planungen für den Staatsstreich und die Zeit danach *Julius Leber* immer stärker in den Vordergrund.

Unter *Yorcks* Führung und *Lebers* vorwärtstreibender Dynamik wurde im »Kreisauer Kreis« in der Folgezeit immer stärker auf die Staatsstreichaktion mit dem Attentat hingearbeitet. Dadurch wurde auch die Zusammenarbeit mit *Stauffenberg* immer intensiver.

Die Vorbereitungen für den Umsturz waren längst so weit gediehen, daß der coup d'etat – auch wenn der damit verbundene und erhoffte außenpolitische und militärische Erfolg angesichts der Kriegsentwicklung fortgefallen war und dem Attentat damit allein die Bedeutung eines moralischen Zeichens des »anderen, des humanen Deutschland« zukam – unbedingt gewagt werden sollte: In vielen Städten saßen inzwischen die militärischen und zivilen Vertrauensmänner, die strategisch

Brief Adolf Reichweins vom 10. 12. 1943 an Willi Brundert

wichtigen Landesverweserstellen waren personell besetzt, über die der Staatsstreich von Berlin aus dann blitzartig über Deutschland ausstrahlen und der Staatsapparat von Nationalsozialisten befreit werden sollte.

In ungezählten konspirativen Treffen zwischen den verschiedenen Widerstandsgruppen um *Yorck* und *Leber*, um *Goerdeler* und *Leuschner* und der Militäropposition um *Stauffenberg* hatte man sich auch weitgehend in den personalpolitischen Fragen hinsichtlich der neuen Regierungsmannschaft geeinigt, in der neben Reichwein als Kultusminister *Leber* als Innenminister und andere »Kreisauer« als Staatssekretäre in verschiedenen Ministerien gehandelt wurden. Bei den vielen Gesprächen zur programmatischen Abstimmung zwischen den verschiedenen politischen Strömungen, die die einzelnen Widerstandsgruppen repräsentierten, blieben Spannungen, Reibungen und gegenseitige Vorwürfe nicht aus, was jedoch vor dem Hintergrund der bedrohlichen Lage in jenen Monaten, wo man sich in oft fieberhafter Hektik zwischen Bombenangriffen und möglicher Bespitzelung durch Gestapoagenten traf, nur allzu verständlich ist. Seit dem Frühjahr 1944 mußte beinahe täglich mit der Aufdeckung des Komplotts gerechnet werden – die Verhaftungen in militärischen und diplomatischen Kreisen Anfang 1944 steigerten noch die Nervosität im Lager der Verschwörer –; immer mehr Leute waren in die Umsturzaktion mehr oder weniger eingeweiht, und vor allem *Leber* und seine sozialistischen Freunde, darunter auch Reichwein, hatten seit Monaten ihre Anstrengungen verstärkt, »das Netz vorhandener Widerstandszellen unter alten Sozialisten und Gewerkschaftlern so zu verdichten, daß der Militärputsch auch von unten durch eine rasch funktionierende politische Initiative auf breiter Basis unterstützt werden konnte. In großer Zahl waren Vertrauensleute in den Betrieben und Bezirken gewonnen und vorbereitet worden, die Verbindung mit örtlichen Wehrmachtstellen aufnehmen und als politische Beauftragte der neuen Regierung zur Verfügung stehen sollten.«[114]

In diesem Zusammenhang liefen spätestens seit April 1944 Anstrengungen, Beziehungen auch zum kommunistischen Widerstand anzubahnen, um eine gewisse Abstimmung für die Zeit nach dem Attentat zu erreichen. Die treibenden Kräfte waren hier vor allem Adolf Reichwein, wenig später auch *Julius Leber*. Dieses entschiedene Vorwärtsdrängen, das unbedingte Handelnmüssen, das Reichwein zeitlebens ausgezeichnet hat, kommt besonders eindringlich zum Ausdruck in einem Brief, den er Ostern 1944 von Kreisau aus an seinen Schwiegervater *Ludwig Pallat* geschrieben hat:

»Es wartet überhaupt viel auf mich. Aber ich bin ferner denn je der gelehrten Muße. Manchmal beneide ich die, die sich auf ihre Bücher zurückziehen und es den anderen überlassen, um die Zukunft im Tageskampf zu stehen. Aber in der Entsagung stärkt mich die Überzeugung, daß Zeitalter erst erfüllt werden können, wenn die Schwelle erkämpft ist. Und je seltener die Kämpfer sind, um so mehr Verantwortung liegt auf den Wenigen. Was der Mangel an Kampfgeist an Versäumnissen heraufbeschwört, habe ich in meinem Leben nachdrücklich erfahren; ein entsetzliches Feld Torso gebliebener Versuche liegt hinter uns. Was mich betrifft, so möchte ich nicht mit Schuld tragen an diesen Versäumnissen. Wie schwer es auch ist, die Aktion mit der Kontemplation lebendig zu verbinden.«[115]

Über Freunde aus seiner Jenaer Zeit als Volkshochschulleiter, die ihn über die Entwicklung in den kommunistischen Widerstandszellen vor allem in Thüringen und Sachsen fortlaufend informierten, hatte Reichwein Kontakt zur Führungsspitze der kommunistischen Widerstandsorganisation in Deutschland aufgenommen.

Mit Wissen und Billigung *Stauffenbergs* und *Yorcks* begaben sich Reichwein und *Leber* am Abend des 22. Juni 1944 zu einem Treffen mit führenden kommunistischen Funktionären, das gegen 18.30 Uhr in der Praxis des Berliner Arztes von Reichwein, *Dr. Rudolf Schmid*, beginnen sollte.

Nach der getroffenen Vereinbarung sollten Leber und Reichwein sowie zwei Mitglieder des Zentralkomitees der KPD an dieser hochbrisanten konspirativen Zusammenkunft teilnehmen, aber der kommunistische Kontaktmann *Ferdinand Thomas* brachte entgegen der Abmachung drei Personen mit. Es war ebenfalls ver-

Brief Adolf Reichweins von Ostern 1944 an seinen Schwiegervater Ludwig Pallat

einbart worden, daß keinerlei Namen zu nennen seien, niemand sollte sich vorstellen; doch als Reichwein und *Leber*, die sich etwas verspätet hatten, erschienen, soll einem der KPD-Funktionäre, der *Leber* persönlich kannte – wahrscheinlich *Franz Jacob*, der zusammen mit *Leber* Mitte der 30er Jahre im KZ Sachsenhausen gefangen war –, der Ausruf entfahren sein: »Ach du, *Leber*«. Von den erschienenen Verhandlungspartnern waren zwei tatsächlich KPD-Funktionäre, nämlich *Anton Saefkow* und *Franz Jacob*. Der dritte war höchstwahrscheinlich ein GeStaPo-Agent mit dem Decknamen »Hermann« (alias Rambow?), der sich in das Vertrauen des Zentralkomitees eingeschlichen hatte und bei Treffs als Begleiter verwendet wurde.[116]

Im Gespräch, das fast ausschließlich von *Leber* und *Jacob* geleitet wurde, versicherte man sich gegenseitig, daß man für die Sozialdemokratie bzw. für die in Deutschland bestehende KPD spreche.

Leber ging dann gleich in medias res und erklärte, »es habe keinen Sinn, über die früheren Zwistigkeiten zwischen Sozialdemokratie und Kommunismus zu debattieren, es sei vielmehr ihre Aufgabe festzustellen, inwieweit ihre beiderseitigen Ansichten über die Zukunft in Übereinstimmung gebracht werden könnten, und wieweit eine Zusammenarbeit zwischen Sozialdemokratie und Kommunismus für die Zukunft möglich sei.« Nachdem *Jacob*, *Saefkow* und *Thomas* (und der Unbekannte mit dem Decknamen »Hermann«) den Ausführungen Lebers zugestimmt hatten, stellte *Leber* an *Jacob* die entscheidende Frage, »wie sich die Kommunisten die Gestaltung des politischen Lebens in Deutschland nach dem 'Tage X' dächten«, also nach dem Umsturz: »ob von den Kommunisten beabsichtigt sei, Deutschland in Sowjetrepubliken aufzuteilen, die der Sowjetunion angeschlossen werden sollten?« – *Jacob* verneinte diese Frage und versicherte sogar, »es würden im Reich keine russischen Kommissäre eingesetzt«.

Im Verlauf der Verhandlungen, in denen man die Gegenpositionen weiter vorsichtig abtastete, zeigte sich, daß die Kommunisten den Anschauungen Lebers viel weiter entgegenkamen, als es dieser erwartet hatte, ja, daß sie sich in manchem weiter »rechts« gaben als er selbst. Sie wollten freie Demokratie, Beibehaltung von Grundbesitz, Bürgertum und Privateigentum, außer Konzernen und Großkapital, stimmten auch nichtkommunistischen Gewerkschaften, sogar christlichen Gewerkschaften zu, zeigten sich überhaupt in Kirchenfragen nicht engherzig.

Beide Seiten brachten zum Ausdruck, »daß sie über geeignete Persönlichkeiten verfügten, die in der Lage seien, nach dem Zusammenbruch die Führung zu übernehmen«. Gegen Ende dieses ersten Sondierungsgesprächs wollte *Jacob* noch wissen, was *Leber* tun wolle, um den »Tag X« herbeizuführen. *Leber* antwortete, daß er darauf nichts sagen könne.

Die Aussprache war damit beendet, aber die gemeinsamen Interessen ließen es nützlich erscheinen, noch ein zweites Mal zusammenzukommen; für den 4. Juli 1944 wurde ein weiteres Treffen in der Nähe des

Brief Adolf Reichweins vom 4. 10. 1944 aus dem GeStaPo-Gefängnis an seinen Vater

U-Bahnhofs Reichskanzlerplatz (Adolf-Hitler-Platz) vereinbart.

Reichwein trifft am Abend des 4. Juli 1944 »verabredungsgemäß mit *Jacob* am Adolf-Hitler-Platz zusammen«. *Leber*, aufgrund der gemäßigten Haltung der Kommunisten vielleicht mißtrauisch geworden, war nicht erschienen. »Reichwein vereinbarte daher mit *Jacob* für den nächsten Tag einen Treff am Bahnhof Tiergarten, vor dem er sich mit Leber in Verbindung setzen wollte.« Doch dazu kam es nicht mehr: Adolf Reichwein wird wahrscheinlich beim Verlassen des S-Bahnhofs Heerstraße fast gleichzeitig mit *Franz Jacob* von der GeStaPo verhaftet. *Anton Saefkow* fällt noch am selben Tag, *Leber* einen Tag später den GeStaPo-Häschern in die Hände. Auch *Schmid* und *Thomas* werden an den folgenden Tagen verhaftet. Es beginnt eine Verhaftungsserie, in deren Verlauf die letzten kommunistischen Widerstandsorganisationen in Deutschland fast vollständig zerschlagen werden.

Als am 20. Juli 1944 das Attentat *Stauffenbergs* auf *Hitler* scheitert, werden alle unmittelbar an dem Umsturz Beteiligten und fast alle »Kreisauer« verhaftet. Die meisten von ihnen werden zum Tode verurteilt und hingerichtet.

Für Adolf Reichwein beginnen nach seiner Verhaftung am 4. Juli 1944 dreieinhalb Monate qualvoller Haft in den Folterkellern der GeStaPo. Mithäftlinge berichten, daß er zur Erzwingung von Aussagen bei Verhören schwer mißhandelt wurde, daß er nachts sogar mit einer Kette an Beinen und Armen gefesselt wurde.

Am 20. Oktober 1944 beginnt unter dem Vorsitz des »Blutrichters« *Freisler* der Prozeß gegen Reichwein und die sozialdemokratischen Mitangeklagten *Julius Leber*, *Gustav Dahrendorf* und *Hermann Maass*.

Adolf Reichwein vor dem »Volksgerichtshof« unter dem Vorsitz von Freisler am 20. Oktober 1944. Im rechten Hintergrund die sozialdemokratischen Mitangeklagten Gustav Dahrendorf, Julius Leber, Hermann Maass (oben)

Von Reichwein existieren einige Standphotos von diesem Prozeß, die ihn trotz aller Mißhandlungen und Demütigungen ungebeugt und aufrecht zeigen. Vergleicht man sie mit früheren Bildern, die ihn mit strahlendem Lachen und lebensfrohen, leuchtenden Augen inmitten der Familie oder im Kreise von Freunden zeigen, dann wird man auf diesen Photos mehr erkennen können, als es alle Daten und Fakten über den Leidensweg der Männer und Frauen des Widerstandes zu sagen vermögen.

Gustav Dahrendorf, der einzige Überlebende dieses Prozesses am 20. Oktober 1944, hat die erschütternden Szenen im Verlauf der Verhandlung festgehalten:

»Die Verhandlung trug alle Züge eines Schau- und Tendenz-Prozesses. [...] Freisler schrie, gestikulierte. Keine Formulierung ohne entsetzliche Bosheit oder Brutalität, kein Fünkchen Menschlichkeit, keine An-

Urteil des »Volksgerichtshofes«

deutung auch nur formalen Rechts. [...] Im Ablauf der Verhandlung gegen Adolf Reichwein gab es einen großen und erschütternden Abschnitt. Reichweins Offizial-Verteidiger, dem jeder Versuch eines Einwands zu den 'Tatbeständen' abgeschnitten worden war, bat schließlich, das Gericht möge doch die außerordentlichen Qualitäten seines Mandanten berücksichtigen. Es schien, als wolle Freisler Adolf Reichwein sprechen lassen. – Reichwein begann mit ganz leiser Stimme. Er konnte nicht lauter sprechen. Die Haft mit ihren seelischen Erregungen und körperlichen Mißhandlungen hatte ihm die Stimmkraft genommen. Ich konnte seine Stimme kaum vernehmen. Für Sekunden nur waren alle Blicke auf ihn gerichtet. Mich packte eine tiefe Sympathie für diesen Mann. So wie er da stand, war er das Symbol alles Menschlichen, von dem selbst in diesem Augenblick alle Qual des Leidens abfiel. – Er begann von seiner Arbeit zu sprechen. Er begann ... und einer Meute gleich brach es aus Freisler heraus: Menschlichkeit, menschliche Werte? Wer das große Vertrauen so sehr geschändet habe wie Reichwein, habe das Recht verwirkt, menschlich bewertet zu werden. Schluß, Schluß – kein Wort mehr. Verbrecher, Verbrecher ... Ein Orkan von brutalsten Formulierungen unterbrach die Stille, die sich für einen Augenblick – nicht mehr war es – um diesen Menschen gebreitet hatte. – Reichwein sprach später kein Schlußwort.«[117]

Adolf Reichwein, *Julius Leber* und *Hermann Maass* werden wegen »Landesverrats« zum Tod durch den Strang verurteilt, *Gustav Dahrendorf* erhält eine siebenjährige Zuchthausstrafe.

Während *Dahrendorf* und auch *Leber*, der zur Abpressung von Aussagen noch bis zu seiner Hinrichtung am 5. Januar 1945 weiteren qualvollen Verhören unterzogen wurde, im GeStaPo-Gefängnis Prinz-

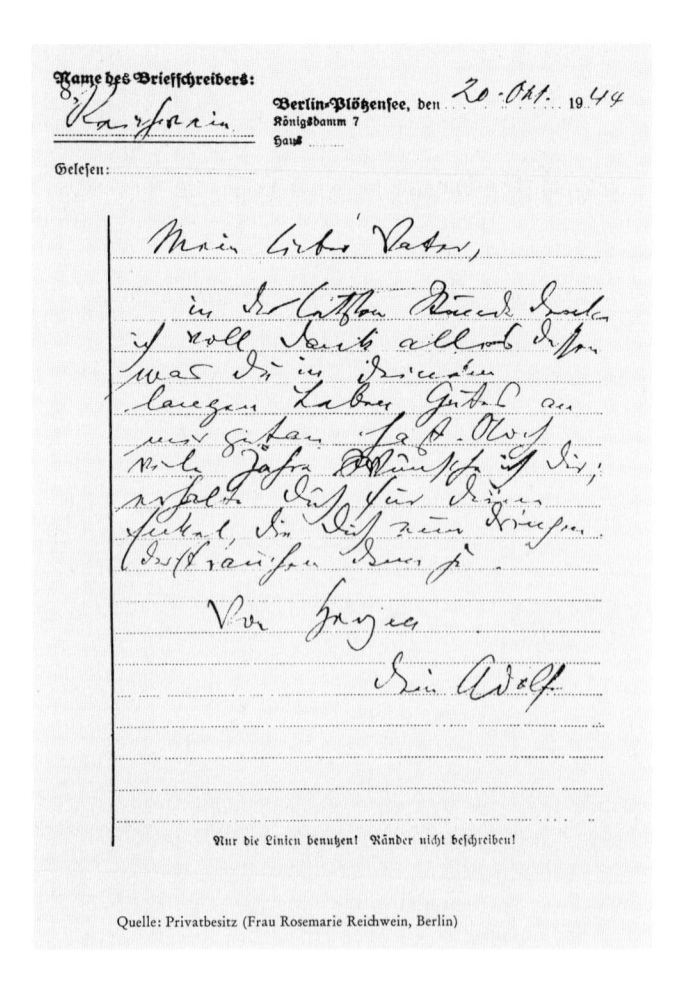

Abschiedsbrief an den Vater

Albrecht-Straße 8 verbleiben, werden Adolf Reichwein und *Hermann Maass* direkt zur Hinrichtungsstätte Berlin-Plötzensee verbracht.

Aus der Todeszelle des Gefängnisses in Plötzensee schreibt Reichwein ergreifende Abschiedsbriefe an seine Frau und seinen Vater.

In dem Brief an seine Frau heißt es:

»Liebe Romai, die Entscheidung ist gefallen. Zum letzten Mal schreibe ich Deinen mir so teuer gewordenen Namen. In meiner letzten irdischen Stunde sind meine Gedanken noch einmal mit besonderer Innigkeit bei Dir und den vier Kindern, die Du mir geschenkt hast und die mir Jahre – die mir viele scheinen – so viel Freude, Aufrichtung und Erbauung waren. – Diese drei Monate sind für mich trotz aller Qual auch von großer innerer Bedeutung gewesen: sie haben vieles klären und hoffentlich auch läutern helfen, was man gerne in seiner letzten Stunde geklärt und geläutert hat. Ich scheide ruhig, weil ich die Kinder in Deiner Hut weiß. – Seit dem 5. Juli war mein tägliches Gebet das Vater Unser, dem sich die Fürbitte für Dich, die Kinder und die Eltern anschloß. Ich verdankte diesem Gebet tägliche Stärkung. – Möge Gott Euch stärken, das Schwere zu überwinden und das Leben in Stärke fortzusetzen. Die Kinder, in eine Zukunft hineinwachsend, seien Dir Trost und später Freude. Dank Deinen Eltern, Geschwistern, Freunden für alles Gute! Dir mein ganzes Herz! Dein Edolf.«[118]

Kurz darauf wird Adolf Reichwein im Hinrichtungsschuppen des Gefängnisses Berlin-Plötzensee erhängt.

In der Presse durfte ab September 1944 nicht mehr über die Prozesse gegen Beteiligte des »20. Juli« berichtet werden, selbst eine Todesanzeige durfte Frau Reichwein nicht veröffentlichen, so daß viele Freunde und Bekannte Adolf Reichweins erst nach dem Krieg von seiner Hinrichtung erfahren haben. Was mit den Leichen der Gehängten geschah, ist bis heute ungewiß; die Toten durften nicht an ihre Angehörigen übergeben werden, ein Begräbnis wurde nicht gewährt. Die Leichen der Hingerichteten sollen angeblich verbrannt, die Asche soll anschließend – auf Befehl Himmlers – auf den Rieselfeldern Berlins verstreut worden sein.

Für Frau Reichwein und ihre vier Kinder beginnt noch im Frühjahr 1945 ein fortgesetztes Nomadenleben, das von allen ein Höchstmaß an Lebensenergie abverlangte: zunächst Flucht im Planwagen von Kreisau ins Riesengebirge, dann Rückkehr nach Kreisau, nach Kriegsende Flucht in 5 Tagen nach Berlin, dann mit Hilfe der von der SPD durchgeführten »Storchenaktion« nach Braunschweig und Göttingen, wo Frau Reichweins Eltern *Pallat* lebten, die Kinder verstreut im ganzen Land bei Verwandten und Bekannten, wieder Rückkehr nach Berlin, wo sich Frau Reichwein gemeinsam mit den vier Kindern als medizinische Assistentin an der Berliner Charité durchschlägt, im Sommer 1946 für ein knappes Jahr nach Schweden zu Freunden, wo sie an Kliniken in Lund und Stockholm hospitiert – in Schweden war sie in den 20er Jahren als Krankengymnastin ausgebildet worden –, ehe die Familie im Frühjahr 1947 über Malmö endgültig nach Berlin zurückkehrt. Frau Reichwein bekommt eine Überbrückungshilfe in Höhe von 210,- DM für sich und die vier Kinder – das sind 40,- DM pro Kind und 50,- DM für sie selbst. Um die Familie durchzubringen, arbeitet sie weiterhin als Krankengymnastin. Die Anerkennung der Pension ihres Mannes und die »Entschädigung für Schaden am Leben« bekommt sie erst nach zehn Jahren. Dies ist ein beredtes Beispiel dafür, wie man in der restaurativen bundesrepublikanischen Nachkriegsära mit Nazi-Gegnern und ihren Familien umging, während andere unbeschadet ihrer 'braunen' Vergangenheit ihre Karriere zielstrebig und unbehelligt fortsetzen konnten.

Frau Reichwein lebt neunzigjährig in Berlin.

Lebensdaten Adolf Reichweins (1898-1944)

I. Kindheit, Jugend- und Schulzeit im deutschen Kaiserreich Wilhelms II. und Erster Weltkrieg (1898-1918)

1898 3. Oktober: Geboren in Bad Ems als Sohn des Lehrers *Karl Reichwein*.

1904 September: Übersiedlung nach Ober-Rosbach bei Friedberg in Hessen.

seit 1908: Teilnahme am Freizeitleben des Wandervogels, an »Nest«-Abenden und Wanderfahrten

1917 9. Februar: Kriegsabitur als Externer am Realgymnasium in Friedberg.

1917 1. August: Kriegseinsatz an der Westfront.

1917 5. Dezember: Als Stoßtruppführer schwer verwundet.

II. Studienzeit und erstes Engagement in der Erwachsenenbildung in der krisenhaften Anfangsphase der Weimarer Republik (1918/19-1923)

1918 4. Mai: Immatrikulation an der Universität in Frankfurt/Main; Studium der Fächer: Geschichte, Kunstgeschichte, Germanistik, Philosophie, Nationalökonomie.

1920 25. Mai: Immatrikulation an der Universität in Marburg/Lahn; Mitglied der Marburger »Akademischen Vereinigung«.

1920 15. August: Eheschließung mit *Eva Hillmann* (Scheidung: 24. November 1927).

1921 Februar: Abgabe seiner Dissertation »China und Europa im 18. Jahrhundert«; Abschluß seines Studiums mit dem Rigorosum am 11. Mai 1921 (Abschluß der Promotion zum Dr. phil. am 15. Februar 1923).

1921 August: Leiter einer vierwöchigen Arbeitsgemeinschaft von Studenten und Jungarbeitern in Bodenrod/Taunus.

1921 1. Dezember bis 31. März 1923: Geschäftsführer des »Ausschusses der deutschen Volksbildungsvereinigungen« in Berlin unter *Robert von Erdberg*.

1923 1. April bis 30. September 1923: Leiter der Abteilung Nordostdeutschland des deutsch-amerikanischen Kinderhilfswerks in Berlin.

III. Von der Volkshochschularbeit zur Arbeiterbildung in Thüringen in der Phase relativer Stabilisierung der Weimarer Republik (1923-1929)

1923 1. Oktober bis 30. September 1925: Geschäftsführer der überörtlich koordinierten Volkshochschule Thüringen mit Sitz in Jena.

1923 9. Oktober: Geburt des Sohnes *Gert* (am 18. September 1925 beim Spielen in einer Regentonne ertrunken).

1925 1. Oktober bis Sommer 1929: Leiter der Volkshochschule Jena.

1926 1. Mai: Gründung des Jungarbeiterheims »Am Beuthenberg« in Jena.

1926 28. Juli bis 26. Juni 1927: Forschungsreise durch Nord- und Mittelamerika und Südostasien (Auswertung in zahlreichen wirtschaftswissenschaftlichen, länderkundlichen und jugendliterarischen Publikationen).

1928 März: Zusammen mit *Eugen Rosenstock-Huessy* u.a. Leiter des ersten Schlesischen Arbeitslagers mit Arbeitern, Bauern und Studenten in Löwenberg.

1928 Sommer: Zweimonatige »Expedition« durch Skandinavien mit 12 Jungarbeitern; anschließend Erwerb eines eigenen Sportflugzeuges.

IV. Volksschullehrerbildung in Berlin und Halle/Saale und politisches Engagement in der Phase der Auflösung und Zerstörung der Weimarer Republik (1929-1933)

1929 1. April bis 31. März 1930: Leiter der Pressestelle und persönlicher Referent des Preußischen Kultusministers *C. H. Becker* in Berlin.

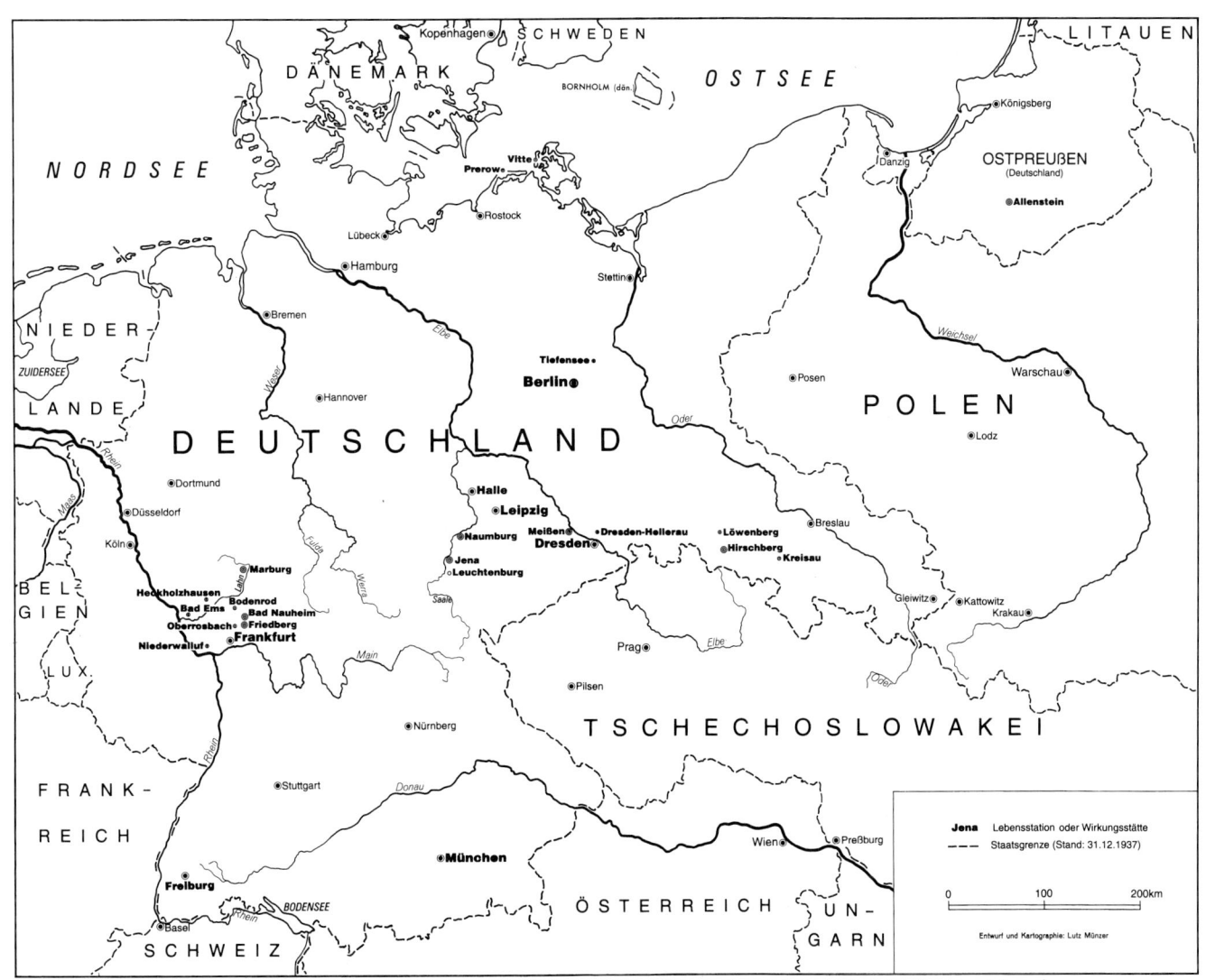

Wichtige Lebensstationen und Wirkungsstätten A. Reichweins in Deutschland

1930 1. April bis 9. August 1933: Professor für Geschichte und Staatsbürgerkunde an der Pädagogischen Akademie in Halle/Saale.
1930 Herbst: Eintritt in die SPD; gesellschaftspolitische Vorwärtsverteidigung der Weimarer Demokratie.
1933 1. April: Eheschließung mit *Rosemarie Pallat* (zwischen 1934 und 1941 Geburt von vier Kindern: Renate, Roland, Kathrin, Sabine)
1933 24. April: Entlassung aus dem Professorenamt durch NS-Kultusminister *Rust*.

V. Schulpädagogik in Tiefensee/Mark Brandenburg in der Zeit des Nationalsozialismus (1933-1939)

1933 1. Oktober bis 15. Mai 1939: Lehrer an der einklassigen Dorfschule in Tiefensee/Mark Brandenburg; Entwicklung eines alternativen Schulmodells in der Tradition der Reformpädagogik.
1934 Sommer: Beginn der Zusammenarbeit mit der Reichsstelle für den Unterrichtsfilm in Berlin unter *Kurt Zierold*.
1937/1938 Veröffentlichung seiner Tiefenseer Schulschriften »Schaffendes Schulvolk« und »Film in der Landschule« (Kohlhammer Verlag).
1938 Juli/August: Vierwöchige Vortragsreise nach England.

VI. Museumspädagogik in Berlin während der Kriegsjahre und aktiver Widerstand gegen das NS-Regime (1939-1944)

1939 16. Mai bis Sommer 1944: Leiter der Abteilung »Schule und Museum« am Museum für Deutsche Volkskunde in Berlin; Konzeption und Organisation von vier großen Schulausstellungen zu handwerklichen Themen; mehr als einhundert Reisen zu museums- und werkpädagogischen Vorträgen und Kursen von Ostpreußen bis Südwestdeutschland.
1940 bis 1944: Teilnahme an konspirativen Treffen des »Kreisauer Kreises«; Mitwirkung an zwei der drei großen Tagungen dieser Widerstandsgruppe
1942/43 auf dem Kreisauer Gut *Helmuth James von Moltkes*; maßgeblich beteiligt am kulturpolitischen Programm der »Kreisauer«; galt als Kultusministerkandidat für eine Regierung nach Hitler.
1943 In der Nacht vom 23./24. August: Zerstörung der Wohnung in Berlin-Südende durch Fliegerbomben; anschließend Übersiedlung der Familie nach Kreisau in Schlesien.
1944 22. Juni: Erste Zusammenkunft mit führenden Vertretern des Zentralkomitees der illegalen KPD in Deutschland in Berlin. 1944 4. Juli: Verhaftung auf dem Weg zu einem zweiten Treffen am S-Bahnhof Heerstraße durch die GeStaPo; dreieinhalbmonatige Haft in den Folterkellern der GeStaPo.
1944 20. Oktober: Zusammen mit den sozialdemokratischen Freunden *Julius Leber* und *Hermann Maass* vom »Volksgerichtshof« unter Freisler in einem Schauprozeß zum Tode verurteilt und Stunden später in Berlin-Plötzensee hingerichtet.

Auswahlbibliographie

[Ein auf dem gegenwärtigen Stand der Quellensicherung und der Literaturdokumentation vollständiges Verzeichnis der Schriften von und über Adolf Reichwein liegt in folgender Publikation vor: Ullrich Amlung: Adolf Reichwein (1898-1944) - Eine Personalbibliographie. Marburg 1991 (= Schriften der Universitätsbibliothek Marburg; Heft 54)]

A. Veröffentlichungen von Adolf Reichwein

1. Arbeitsgemeinschaft im Taunus*[119]. In: Vivos voco. Zeitschrift für neues Deutschtum (Leipzig), Jg. 2/1921-22, Heft 6 (Oktober 1921), S. 338-341.
2. Volksbildung in Rußland*. In: Vivos voco, Jg. 2/1921-22, Heft 12 (Juni 1922), S. 682-688.
3. China und Europa. Geistige und künstlerische Beziehungen im 18. Jahrhundert. Berlin: Österheld, 1923 (179 Seiten mit 26 Abbildungen auf 16 Bildtafeln) [Englischsprachige Ausgabe erschienen u.d.T. »China and Europe: intellectual and artistic contacts in the eighteenth century« (translated by J. C. Powell) in England (London 1925/1968), in Amerika (New York 1925/1968) und in China (Taipei 1967)].
4. Volksbildung als Wirklichkeit. In: Akademisch-Soziale Monatsschrift (Jena), Jg. 6/1922-23, Heft 10/12 (Januar-März 1923), S. 117-122.
5. Die Rohstoffe der Erde im Bereich der Wirtschaft. Weimar: In Kommission beim Thüringer Staatsverlag Weimar, 1924 (100 Seiten, 8 Karten auf 4 Tafeln) [Neuauflage: Jena 1924].
6. Die Gilde. Ein Weg zur Einheit von Bildung und Arbeit*. In: Blätter der Volkshochschule. N.F. der »Blätter der Volkshochschule Thüringen« (Gotha). 6. Jg./1924-25, Nr. 2 (Mai 1924), S. 15-17.
7. Gewalt oder Gewaltlosigkeit (Grundgedanken einer Arbeitsgemeinschaft im September 1924 in Pößneck)*. In: Volkshochschulblätter. N.F. der »Blätter der Volkshochschule Thüringen«, Jg. 6/1924-25, Nr. 7 (Oktober 1924), S. 71-73.
8. Weltbund der Landwirtschaft. In: Der Eiserne Steg. Jahrbuch der Frankfurter Societäts-Druckerei (Frankfurt/M.), Jg. 3/1925-26, S.135-144.
9. Probleme der deutsch-französischen Verständigung. In: Sozialistische Monatshefte (Berlin), 31. Jg./1925, 62. Band, S. 11-18.
10. Weltwirtschaft. Eine Studie (Teil I und II). In: Gewerkschafts-Archiv. Monatsschrift für Theorie und Praxis der gesamten Gewerkschaftsbewegung (Jena), 3. Jg./1926, Band IV, Nr. 5 (Mai 1926), S. 193-208 und Band V, Nr. 1 (Juli 1926), S. 1-10.
11. Japans Arbeiter- und Bauernbewegung. In: Sozialistische Monatshefte (Berlin), 33. Jg./1927, Band 65 (Juli-Dezember 1927), S. 533-540.
12. Ursprünge, Wandlungen und Tendenzen amerikanischer Arbeiterbewegung. In: Sozialistische Monatshefte (Berlin), 33. Jg./1927, Band 65 (Juli-Dezember 1927), S. 808-815.
13. Die Rohstoffwirtschaft der Erde. Jena: G. Fischer, 1928 (639 Seiten mit zahlreichen Abbildungen, Skizzen und Tabellen).
14. Das mittelstädtische Heim (nach Erfahrungen in Jena) In: Volkshochschulblätter für Thüringen. N.F. der »Volkshochschulblätter« (Jena), 10. Jahr/1928-29, Heft 1 (April 1928), S. 4-10.
15. Ein Arbeitslager. (Bericht über das schlesische Arbeitslager in Löwenberg vom 14.-31.3.1928). In: Volkshochschulblätter für Thüringen. N.F. der »Volkshochschulblätter« (Jena), 10. Jahr/1928-29, Heft 1 (April 1928), S. 14-19.
16. Jungarbeiter-Freizeit*. In: Fritz Klatt: Freizeitgestaltung. Grundsätze und Erfahrungen zur Erziehung des berufsgebundenen Menschen. Stuttgart: Verlag Silberburg, 1929, S. 27-30.
17. Blitzlicht über Amerika. Jena: Urania-Verlagsgesellschaft m.b.H., 1930 (= Urania-kulturpolitische Monatshefte über Natur und Gesellschaft, Jg. 6/1929-30, Buchbeigabe 4) [79 Seiten mit Abbildungen].
18. Erlebnisse mit Tieren und Menschen zwischen Fairbanks, Hongkong, Huatusco. Jena: Urania-Verlagsgesellschaft m.b.H., 1930 (80 Seiten, 21 Abbildungen) [z.T. wieder veröffentlicht in Nr. 65, 67, 68].
19. Mexiko erwacht. Leipzig: Bibliographisches Institut A.G., 1930 (274 Seiten mit 15 Karten und 48 Abbildungen) [Eine spanische Ausgabe erschien u.d.T. »El despertar de méjiko« (Madrid 1931)].

20. C. H. Becker [Anläßlich eines Vortrages von C. H. Becker in Zürich über »Nationales Selbstbewußtsein und internationale Verständigung«]*. In: Der Lesezirkel. Blätter für Literatur (Zürich), 18. Jg./1930-31, Heft 7, S. 97-102.

21. Pädagogische Akademien - Gefahr im Verzug*. In: Sozialistische Monatshefte (Berlin), Jg. 37/1931, Band 74, S. 988-993.

22. Jungarbeitererziehung durch Auslandsreisen. In: Der Zwiespruch. Zeitung der jungen Generation (Berlin), 13. Jg./Blatt 27 vom 5.7.1931, S. 315-316.

23. Mit oder gegen Marx zur Deutschen Nation? [Druckfassung eines Referats]*. In: Mit oder gegen Marx zur Deutschen Nation? [Diskussion zwischen Adolf Reichwein, Halle (SPD), Wilhelm Rössler (Tatkreis), Otto Strasser, Berlin (NSDAP), und dem Leuchtenburgkreis]. Leipzig: Lindner, 1932, S. 12-22. (Fünf weitere Diskussionsbeiträge Reichweins, S. 22-26).

24. Bevölkerungsdruck in Ostasien. In: Archiv für Sozialwissenschaft und Sozialpolitik (Tübingen), Bd. 68/1932, Heft 1 (Oktober 1932), S. 1-37.

25. An alle Freunde der Arbeit von Prerow! [Aufruf zur Finanzierung des Heimbaus, der vom Staat nicht mehr unterstützt wurde]. In: Neue Blätter für den Sozialismus. Zeitschrift für geistige und politische Gestaltung (Potsdam), Jg. 4/1933, Heft 2 (Februar 1933), äußeres Umschlagblatt auf der Rückseite.

26. Grundtvig. Aus Anlaß der 150. Wiederkehr von Grundtvigs Geburtstag am 8. September 1933 [Unter dem Pseudonym Peter Rosbach (!) veröffentlicht]*. In: Pädagogisches Zentralblatt (Langensalza), 13. Jg./1933, Heft 7/8 (Juli/August), S. 342-364.

27. Deutsche Landschule*. In: Frankfurter Zeitung (Frankfurt/M.), Jg. 78/Nr. 37 vom 21. Januar 1934, S. 6.

28. Handgedrucktes Bauernleinen. Stuttgart und Berlin: Kohlhammer, 1935 (= Beihefte der Reichsstelle für den Unterrichtsfilm F 40/1935) [29 Seiten mit Abbildungen] [Eine Neubearbeitung und deren Nachdruck erschienen 1939 (Stuttgart/Berlin) bzw. 1948 (Bonn)].

29. Film und Landschule. Bedenken, die zu überwinden sind. In: Film und Bild in Wissenschaft, Erziehung und Volksbildung. Zeitschrift der Reichsstelle für den Unterrichtsfilm (Stuttgart/Berlin), Jg. 1/1935, Nr. 5 (10. Mai 1935), S. 132-135.

30. Pulquebereitung in Mexiko. Stuttgart und Berlin: Kohlhammer, 1936 (= Beihefte der Reichsstelle für den Unterrichtsfilm F 108/1936) [16 Seiten mit Kartenskizzen].

31. Sisalernte auf Yukatan. Stuttgart und Berlin: Kohlhammer, 1936 (= Beihefte der Reichsstelle für den Unterrichtsfilm F 109/1936) [23 Seiten mit Abbildungen].

32. Maisernte in Mexiko. Stuttgart und Berlin: Kohlhammer, 1936 (= Beihefte der Reichsstelle für den Unterrichtsfilm F 110/1936) [28 Seiten mit Abbildungen].

33. Kokosnußernte in Columbien. Stuttgart und Berlin: Kohlhammer, 1936 (= Beihefte der Reichsstelle für den Unterrichtsfilm F 111/1936) [20 Seiten mit Abbildungen].

34. Rohstoffe im Kräftespiel der Zeit. In: Deutsche Rundschau (Leipzig), 62. Jg./1935-36, Band 248, Heft 12 (September 1936), S. 208-219.

35. Volkskunde - Film - Landschule. In: Film und Bild in Wissenschaft, Erziehung und Volksbildung. Zeitschrift der Reichsstelle für den Unterrichtsfilm (Stuttgart/Berlin), Jg. 2/1936, Nr. 3 (10. März 1936), S. 75-81.

36. Märchen und Film (Ein Beitrag zum Thema »Wort und Bild«)*. In: Film und Bild in Wissenschaft, Erziehung und Volksbildung. Zeitschrift der Reichsstelle für den Unterrichtsfilm (Stuttgart/Berlin), Jg. 2/1936, Nr. 4 (10. April 1936), S. 114-118.

37. Anschauung in der Geschichte (Aus Anlaß des Films»Deutsche Westgrenze I«)*. In: Film und Bild in Wissenschaft, Erziehung und Volksbildung. Zeitschrift der Reichsstelle für den Unterrichtsfilm (Stuttgart/Berlin), Jg. 2/1936, Nr. 8 (10. August 1936), S. 255-259.

38. Schaffendes Schulvolk. Stuttgart und Berlin: Kohlhammer, 1937. (131 Seiten mit 49 Abbildungen) [Neuausgaben siehe Nr. 66 und 73].

39. Umschwünge der Wirtschaft. In: Deutsche Rundschau (Berlin), Jg. 63/1936-37, Band 251-2, Heft 8 (Mai 1937), S. 98-104.

40. Warum kämpft Japan? In: Deutsche Rundschau (Leipzig), Jg. 64/1937-38, Band 253 (Dezember 1937), S. 161-165.

41. Film wird Sprache [Zum Märchenfilm »Tischlein deck' dich« F 140]. In: Film und Bild in Wissenschaft, Erziehung und Volksbildung. Zeitschrift der Reichsstelle für den Unterrichtsfilm (Stuttgart/Berlin), Jg. 3/1937, Nr. 3 (10. März 1937), S. 69-73.

42. Filmeinsatz in der ländlichen Berufsschule (Betrachtungen um den Film vom Flachs, F 66/1936). In: Film und Bild in Wissenschaft, Erziehung und Volksbildung. Zeitschrift der Reichsstelle für den Unterrichtsfilm (Stuttgart/Berlin), Jg. 3/1937, Nr. 7 (10. Juli 1937), S. 174-178.

43. Film in der Landschule. Vom Schauen zum Gestalten. Stuttgart und Berlin: Kohlhammer, 1938 (= Schriftenreihe der Reichsstelle für den Unterrichtsfilm, 10). [109 Seiten, 36 Abbildungen] [Neuausgabe siehe Nr. 69 und 73].

44. Deutsche Kamerun-Bananen. Stuttgart und Berlin: Kohlhammer, 1938 (= Beihefte der Reichsstelle für den Unterrichtsfilm F 187/1938). [31 Seiten mit Abbildungen].

45. Aus der Arbeit der dorfeigenen Schule. In: Landvolk und Schule. Hrsg. vom Verwaltungsamt des Reichsbauernführers in Berlin. Leipzig/Berlin o.J. [1938], S. 11-24.

46. Amerikanischer Horizont. In: Deutsche Rundschau (Leipzig), Jg. 64/1937-38, Band 254, Heft 5 (Februar 1938), S. 106-113.

47. Transartreihe der RfdU. In: Film und Bild in Wissenschaft, Erziehung und Volksbildung. Zeitschrift der Reichsstelle für den Unterrichtsfilm (Stuttgart/Berlin), Jg. 4/1938, Nr. 1 (10. Januar 1938), S. 9-12.

48. Verkehrsflugzeug im Flughafen Berlin. Stuttgart und Berlin: Kohlhammer, 1939 (= Beihefte der Reichsstelle für den Unterrichtsfilm, F 170/1939). [40 Seiten mit Abbildungen].

49. Vom Schauen zum Gestalten*. In: Ton und Töpfer. Begleitschrift zur ersten Schulausstellung des Staatlichen Museums für Deutsche Volkskunde anläßlich seines 50jährigen Bestehens. Berlin 1939, S. 35-37 (= Schule und Museum, Heft 1).

50. Schaffendes Schulvolk. In: Die deutsche Volksschule. Zeitschrift der Fachschaft 4 des NSLB (München), 1. Jg./1939, Heft 5 (Mai 1939), S. 214-222.

51. Ein Film gibt einen Sonderauftrag. Zum RfdU-Film »Verkehrsflugzeug im Flughafen Berlin« (F 170/1939) In: Film und Bild in Wissenschaft, Erziehung und Volksbildung. Zeitschrift der Reichsstelle für den Unterrichtsfilm (Stuttgart/Berlin), Jg. 5/1939, Nr. 4 (15. April 1939), S. 97-99.

52. Harro Siegel. Handpuppen und Marionetten. Berlin: Riemerschmidt, 1940 (= Werkstattbericht. Herausgegeben vom Kunst-Dienst; Heft 6). [27 Seiten mit 21 Abbildungen].

53. Kinder werken in Holz. In: Holz im deutschen Volkshandwerk. Begleitschrift zur zweiten Schulausstellung des Staatlichen Museums für Deutsche Volkskunde, Berlin. Berlin 1940, S. 70-80 (= Schule und Museum, Heft 2).

54. Volkskundliche Schulung. Vom erzieherischen Auftrag des Museums. In: Der deutsche Erzieher. Reichszeitung des NSLB, Beilage: Mitteilungsblatt des NSLB, hrsg. von der Gauwaltung Berlin (Berlin), 1940/41, Heft 1, S. 2-3.

55. Arbeit und Formerziehung. Wege zu guten Gegenständen täglichen Gebrauchs. In: Die Werkbücherei. Mitteilungsblatt der Reichsarbeitsgemeinschaft Deutscher Werkbüchereien in der Reichsschrifttumskammer (Berlin), Jg. 1940/Folge 7, S. 7-9.

56. Hungermarsch durch Lappland. Berlin: Aufwärts-Verlag, 1941 (= Aufwärts-Jugend-Bücherei, Heft 16). [38 Seiten mit Textzeichnungen von Erich Lüdtke].

57. Zeugdruck. In: Weben und Wirken. Begleitschrift zur dritten Schulausstellung des Staatlichen Museums für Deutsche Volkskunde, Berlin. Berlin: Riemerschmidt, 1941, S. 69-91 (= Schule und Museum, Heft 3).

58. Schule und Handarbeit. Weibliche Handarbeit aus volkstümlichem Erbe*. In: ebd., S. 118-136.

59. Schule und Museum*. In: Deutsches Schulverwaltungs-Archiv. N.F. des Volksschularchivs (Berlin), Bd. 38/1941, Heft 1/2, S. 3-12.

60. Der Werkstoff formt mit*. In: Die Werkbücherei. Mitteilungsblatt der Reichsarbeitsgemeinschaft Deutscher Werkbüchereien in der Reichsschrifttumskammer (Berlin), Jg. 1941/Folge 2, S. 35-39.

61. Das Volk formt und gestaltet [Mit einer Sammelrezension volkskundlicher Schriften]. In: Die Werkbücherei. Mitteilungsblatt der Reichsarbeitsgemeinschaft Deutscher Werkbüchereien in der Reichsschrifttumskammer (Berlin), Jg. 1942/Folge 2-3, S. 23-29.

62. (Sammelrezension:) Schrifttum zum Handwerk. Werkstoff Holz. Werkstoff Eisen. Werkstoff Ton. Werkstoff Faser. In: Wille und Macht. Führerorgan der nationalsozialistischen Jugend (Berlin), Jg. 10/1942, Heft 11, S. 35-37.

63. Handwerksfilme der RWU volkskundlich gesehen*. In: Film und Bild. Zeitschrift der Reichsanstalt für Film und Bild in Wissenschaft und Unterricht (Stuttgart und Berlin), 9. Jg./1943, Heft 3/4, S. 40-44.

64. Willi Siegle. In: Volkswerk. Jahrbuch des Staatlichen Museums für Deutsche Volkskunde 1943 (Jena), Jg. 3/1944, S. 235-240.

65. Abenteuer mit Mensch und Tier. Aus den Geschichten Adolf Reichweins. Mit Holzschnittinitialen von Alfred Zacharias und einem Nachwort der Freunde Carlo Rothe und Harro Siegel. München: Münchner Jugendverlag, 1949. (192 Seiten).

66. Schaffendes Schulvolk. Neu herausgegeben von seinen Freunden - mit einem Geleitwort von Hans Bohnenkamp. Braunschweig/Berlin/Hamburg/München/Kiel/Darmstadt: Westermann, 1951 (120 Seiten, 40 Abbildungen). [2. Auflage (ebd.) 1955; 3. Auflage (Braunschweig: Westermann - Westermann Taschenbuch, Reihe Theorie und Praxis der Schule, S/3) 1964 (216 Seiten); 4. Auflage (ebd.) 1967].

67. Abenteuer mit Mensch und Tier. Mit Bildern von Eva Schwimmer und einem Nachwort der Freunde Carlo Rothe und Harro Siegel. Berlin: Dressler, 1954 (127 Seiten).

68. Blitzlicht über fernem Land. Mit Bildern von Eva Schwimmer und einem Nachwort von Hellmut Bekker. Berlin: Dressler, 1955 (126 Seiten).

69. Film in der Schule. Vom Schauen zum Gestalten. Neu herausgegeben mit einem Anhang über neue Filme und andere Unterrichtshilfen von Heinrich Lenzen. Braunschweig: Westermann, 1967 (= Westermann Taschenbuch, Reihe: Theorie und Praxis der Schule, S/8). [195 Seiten, 36 Abbildungen].

70. Adolf Reichwein. Ein Lebensbild aus Briefen und Dokumenten. Ausgewählt von Rosemarie Reichwein unter Mitwirkung von Hans Bohnenkamp, hrsg. und kommentiert von Ursula Schulz. München: Gotthold Müller, 1974. (375 Seiten). [Auch als 2-bändige Sonderausgabe der Lessing-Akademie Wolfenbüttel (Wolfenbüttel: Heckners, 1974) mit dem ungekürzten Briefkommentar von Ursula Schulz erschienen].

71. Adolf Reichwein. Ausgewählte Pädagogische Schriften. Besorgt von Herbert E. Ruppert und Horst E. Wittig. Paderborn: Schöningh, 1978 (= Schöninghs Sammlung pädagogischer Schriften). [272 Seiten].

72. Adolf Reichwein. Museumspädagogische Schriften. Berlin: Museum für Deutsche Volkskunde Berlin, 1978 (= Schriften des Museums für Deutsche Volkskunde, Band 4). [75 Seiten]. [Enthält die Nr. 49, 53, 58, 59].

73 Schaffendes Schulvolk/Film in der Schule. Die Tiefenseer Schulschriften - Kommentierte Neuausgabe. Hrsg. v. Wolfgang Klafki, Ullrich Amlung, Hans Christoph Berg, Heinrich Lenzen, Peter Meyer und Wilhelm Wittenbruch. Weinheim und Basel: Beltz, 1993.

B. Veröffentlichungen über Adolf Reichwein

74. *Machui, Artur von:* Dem Gedächtnis Adolf Reichweins. In: Die Sammlung (Freiburg), Jg. 1/1945-46, Heft 1, S. 1-11.

75. *Schuchhardt, Wolfgang:* Zum Gedächtnis: Adolf Reichwein. In: Freie Volksbildung. Zeitschrift für die gesamte Erwachsenenbildung (München), Jg. 1/1947, S. 185-186.

76. *Geißler, Georg:* Der Erzieher Adolf Reichwein, In: Levana. Zeitschrift für die pädagogische Praxis (Darmstadt), Jg. 1/1948, S. 49-50.

77. *Bohnenkamp, Hans:* Gedanken an Adolf Reichwein. Braunschweig/Berlin/Hamburg 1949 (= Pädagogische Studien. Schriftenreihe der Pädagogischen Hochschulen Niedersachsens, Heft 1). [22 Seiten].

78. *Gardiner, Rolf:* Adolf Reichwein. Ein Vorkämpfer eines neuen Europa. In: Die neue Schau. Monatsschrift für das kulturelle Leben im deutschen Haus (Kassel), Jg. 10/1949, S. 20-21.

79. *Pflug, Hans:* Zum Gedächtnis Adolf Reichweins. In: Deutsche Rundschau (Gelsenkirchen), Jg. 77/1951, S. 133-137.

80. *Schüssler, Heinrich:* Adolf Reichwein zum Gedächtnis. In: Schola. Lebendige Schule. Monatsschrift für

Erziehung und Unterricht (Mainz), Jg. 6/1951, S. 875-882.

81. *Becker, Hellmut*: Ein Mann, der zur Freiheit erzog: Adolf Reichwein. In: Lebendige Erziehung. Monatsschrift der Deutschen Gesellschaft für Erziehung (München), Jg. 4/1954-55, S. 78-79.

82. *Dahrendorf, Gustav*: Adolf Reichwein. In: Gustav Dahrendorf: Der Mensch, das Maß aller Dinge. Reden und Schriften zur deutschen Politik 1945-1954. Herausgegeben von Ralf Dahrendorf. Hamburg 1955, S. 81-85.

83. *Sasse, Gertrud*: Gedenkrede für Professor Dr. Reichwein zum 50jährigen Jubiläum der Adolf-Reichwein-Oberschule in Halle/Saale. Halle/Saale 1956 (24 Seiten).

84. *Henderson, James L[ewis]*: Adolf Reichwein. Eine politisch-pädagogische Biographie. Herausgegeben von Helmut Lindemann. Stuttgart 1958 (222 Seiten).

85. *Steinmann, Ulrich*: Adolf Reichwein zum Gedenken. In: Deutsches Jahrbuch für Volkskunde (Berlin/DDR), Band 4/1958, Teil II, S. 429-435.

86. *Kippert, Klaus*: Erzieher aus Leidenschaft. Anmerkungen zur pädagogischen Bedeutung Adolf Reichweins. In: Hessische Blätter für Volksbildung (Frankfurt a.M.), Jg. 11/1961, S. 195-204.

87. *Schüle, Albert*: Adolf Reichwein 1898-1944. In: Pädagogische Arbeitsblätter zur Fortbildung für Lehrer und Erzieher, 13. Jg./1961, S. 303-313.

88. *Steinmann, Ulrich*: Der Widerstandskämpfer Adolf Reichwein - ein Praktiker der Museumspädagogik. In: Kunstmuseen der DDR. Mitteilungen und Berichte (Leipzig), Bd. 3/1961, S. 85-95.

89. *Steinmann, Ulrich*: Aus dem Leben Adolf Reichweins. Berichtigungen und Ergänzungen zu Hendersons Biographie. In: Staatliche Museen zu Berlin. Forschungen und Berichte (Berlin/DDR), Kunsthistorische Beiträge Bd. 7/1965, S. 68-84.

90. *Mitzenheim, Paul*: Der Weg des Pädagogen Adolf Reichwein vom bürgerlichen Demokraten zum antifaschistischen Widerstandskämpfer. In: Protokoll der Konferenz »Die Lehrer im antifaschistischen Widerstandskampf der europäischen Völker (1933-45)« vom 22.-25. November 1966 an der Pädagogischen Hochschule Potsdam. Potsdam 1966, S. 215-229.

91. *Schulz, Ursula*: Adolf Reichwein. Bibliographie seiner Schriften (nebst einer Zusammenstellung seiner Lebensdaten von Ulrich Steinmann und einem Brief Adolf Reichweins zum Thema: Volk-Völker-Heimat-Welt). Hrsg. von der Bremer Volkshochschule. Bremen 1966 (= Bremer Beiträge zur freien Volksbildung, Heft 9) [56 Seiten].

92. *Hohendorf, Gerd*: Adolf Reichwein (1898-1944). In: Klaus Drobisch/Gerd Hohendorf: Antifaschistische Lehrer im Widerstandskampf. Reihe: Lebensbilder großer Pädagogen. Berlin (DDR) 1967, S.54-94.

93. *Rüttenauer, Isabella*: Brennpunkt Tiefensee. In: Pädagogik und Schule in Ost und West (Düsseldorf), 15. Jg./1967, S. 348-352.

94. *Roon, Ger van*: Adolf Reichwein. In: Ders.: Neuordnung im Widerstand. Der Kreisauer Kreis innerhalb der deutschen Widerstandsbewegung. München 1967, S. 100-108.

95. *Huber, Wilfried*: Adolf Reichwein - Pädagoge im Widerstand. In: Pädagogik und Schule in Ost und West (Düsseldorf), Jg. 16/1968, S. 307-315.

96. *Huber, Wilfried*: Adolf Reichwein und das Erziehungsdenken im Deutschen Widerstand. In: Hamburger mittel- und ostdeutsche Forschungen, Band 7/1970, S. 67-128.

97. *Wittig, Horst E.*: Adolf Reichwein und Ostasien. In: Pädagogik und Schule in Ost und West (Düsseldorf), 15. Jg./1967, S. 353-360.

98. *Siegel, Michael Harro*: Adolf Reichwein. In: Neue Sammlung. Göttinger Zeitschrift für Erziehung und Gesellschaft, Jg. 13/1973, S. 568-575.

99. *Fricke, Klaus*: Die Pädagogik Adolf Reichweins. Ihre systematische Grundlegung und praktische Verwirklichung als Sozialerziehung. Bern/Frankfurt a.M. 1974 (539 Seiten).

100. *Fricke, Klaus*: Erwachsenenbildung in der Weimarer Zeit - Der Beitrag Adolf Reichweins. In: Pädagogik der Weimarer Zeit - Sonderheft der Pädagogischen Rundschau, o.J. [1975], S. 31-53.

101. *Fricke, Klaus*: Zur Museumspädagogik Adolf Reichweins. In: Pädagogik und Schule in Ost und West (Düsseldorf), 24. Jg./1976, S. 1-9. (Auch in Nr. 72).

102. *Lingelbach, Karl Christoph*: Adolf Reichweins Schulmodell Tiefensee. In: Demokratische Erziehung, 2. Jg./1980, S. 391-397.

103. *Huber, Wilfried/Albert Krebs* (Hrsg.): Adolf Reichwein: 1898-1944. Erinnerungen, Forschungen, Impulse. Paderborn/München/Wien/Zürich 1981 (397 Seiten).

104. *Rathenow, Hanns-Fred*: Fächerübergreifende Konzeptionen in der Reformpädagogik. Gesamtunterricht und Vorhaben bei Berthold Otto, Johannes Kretschmann und Adolf Reichwein. In: Reinhard Dithmar/Jörg Willer (Hrsg.): Schule zwischen Kaiserreich und Faschismus. Darmstadt 1981, S. 176-195.

105. Adolf Reichwein. Reformpädagoge und Widerstandskämpfer (1898-1944). Beiträge und Dokumente zum 40. Todestag. Hrsg. von Roland Reichwein. (= Max-Traeger-Stiftung; 16). Heidelberg 1984 (72 Seiten, 10 Abbildungen).

106. *Salzmann, Christian* (Hrsg.): Pädagogik und Widerstand. Pädagogik und Politik im Leben von Adolf Reichwein. (= Schriftenreihe Fachbereich 3, Universität Osnabrück). Osnabrück 1984 (136 Seiten).

107. *Krauth, Gerhard*: Das »Vorhaben« bei Adolf Reichwein. In: Ders.: Leben, Arbeit und Projekt. Frankfurt a.M./Bern/New York 1985, S. 174-220.

108. »Schafft eine lebendige Schule« - Adolf Reichwein 1898-1944. Dokumentation und Materialien einer Veranstaltung der Gewerkschaft Erziehung und Wissenschaft zum 40. Todestag von Adolf Reichwein in Bodenrod (Butzbach), Taunus. (= Max-Traeger-Stiftung; 18). Heidelberg 1985 (152 Seiten mit zahlreichen Abbildungen).

109. *Winterhager, Wilhelm Ernst*: Adolf Reichwein. In: Der Kreisauer Kreis. Porträt einer Widerstandsgruppe. Begleitband zu einer Ausstellung der Stiftung Preußischer Kulturbesitz, bearbeitet von Wilhelm Ernst Winterhager. Berlin/Mainz 1985, S. 40-43.

110. *Huber, Wilfried*: Sozialerzieherische Aspekte in der Pädagogik Adolf Reichweins. Fallbeispiele und ihre systematischen Dimensionen. In: Rudolf Biermann/Wilhelm Wittenbruch (Hrsg.): Soziale Erziehung. Orientierung für pädagogische Handlungsfelder. Heinsberg 1986, S. 93-106.

111. *Gentsch, Dirk*: Adolf Reichwein - Bildungspolitiker und Widerstandskämpfer im Kreisauer Kreis. In: Wissenschaftliche Zeitschrift der Pädagogischen Hochschule »Karl Liebknecht« Potsdam, Jg. 31/1987, S. 721-726.

112. *Huber, Wilfried*: Die Perversion reformpädagogischer Begriffe im Nationalsozialismus unter Berücksichtigung der Sprache von Adolf Reichwein. In: Christian Salzmann (Hrsg.): Die Sprache der Reformpädagogik als Problem ihrer Reaktualisierung - Dargestellt am Beispiel von Peter Petersen und Adolf Reichwein (Zusammenfassender Bericht über das gleichnamige wissenschaftliche Symposion vom 16.-17. November 1984 an der Universität Osnabrück). Heinsberg 1987, S. 285-354.

113. *Bauer, Gerhard*: Sprache und Sprachlosigkeit im »Dritten Reich«. Köln 1988 (über Reichwein: S. 213-217).

114. *Berg, Hans Christoph/Ullrich Amlung*: »...und Reichwein mittendrin«. Was sagen heutige Schulreformer zu Reichwein - was sagt Reichwein zu heutigen Schulreformern? In: Die Deutsche Schule, 80. Jg./1988, S. 276-289.

115. *Meyer, Peter*: Adolf Reichwein und die Schule heute. Heinsberg 1988 (= Lesehefte zur Jenaplanpädagogik/hrsg. vom Arbeitskreis Peter Petersen e.V., Heft 6).

116. Adolf Reichwein 1898-1944 - Reformpädagoge, Volkskundler, Widerstandskämpfer. Vorträge im Rahmen einer Akademischen Feierstunde anläßlich der Übergabe des Adolf-Reichwein-Archivs am 1. Dezember 1989 (Redaktion: Ullrich Amlung, Walter Wagner). Marburg 1990 (= Schriften der Universitätsbibliothek Marburg; Heft 50).

117. *Amlung, Ullrich*: Adolf Reichwein (1898-1944). Ein Lebensbild des politischen Pädagogen, Volkskundlers und Widerstandskämpfers. Frankfurt/M. 1991 (= Sozialhistorische Untersuchungen zur Reformpädagogik und Erwachsenenbildung; Band 12 und 13).

118. Schernikau, Horst: Adolf Reichwein - Der deutsche Sozialismus und der Vorhabenunterricht. In: Heinz Schernikau (Hrsg.): Reformpädagogik und Gesellschaftskritik - Was bleibt vom (freiheitlichen) Sozialismus? (= Dokumentation Erziehungswissenschaft - Schriften aus dem Fachbereich 06 der Universität Hamburg, Heft 5). Hamburg 1993, S. 135-146.

119. *Amlung*, Ullrich: Adolf Reichweins Alternativschulmodell Tiefensee 1933-1939. Ein reformpädagogi-

sches Gegenkonzept zum NS-Erziehungssystem. In: Ullrich Amlung/Dietmar Haubfleisch/Jörg-W. Link/Hanno Schmitt (Hrsg.): »Die alte Schule überwinden«. Reformpädagogische Versuchsschulen zwischen Kaiserreich und Nationalsozialismus. (= Sozialhistorische Untersuchungen zur Reformpädagogik und Erwachsenenbildung, Bd. 15). Frankfurt/Main 1993, S. 268-288.

120. *Amlung, Ullrich/ Matthias Hoch/ Kurt Meinl/ Lutz Münzer* (Hrsg.): »Wir sind jung, und die Welt ist schön«. Mit Adolf Reichwein durch Skandinavien - Tagebuch einer Volkshochschulreise 1928. Jena und Weimar 1993.

Anmerkungen

1. Carl Zuckmayer: Die Opposition in Deutschland (1969). In: Der 20. Juli 1944. Reden zu einem Tag der deutschen Geschichte. Bd. 1. Berlin 1984, S. 107-119; hier S. 108.
2. Adolf Reichwein. Ein Lebensbild aus Briefen und Dokumenten. Ausgewählt von Rosemarie Reichwein unter Mitwirkung von Hans Bohnenkamp. Hrsg. von Ursula Schulz. München 1974, S. 246f.; im folgenden abgek.: LBD.
3. Interessenten wenden sich bitte an folgende Adresse: Adolf-Reichwein-Verein, c/o Philipps-Universität Marburg, Institut für Erziehungswissenschaft, z. Hd. Herrn Dr. Ullrich Amlung, Wilhelm-Röpke-Str. 6 B, 35032 Marburg.
4. Zahlreiche weitere Einzelbelege zu Leben und Werk Adolf Reichweins in: Ullrich Amlung: Adolf Reichwein 1898-1944. Ein Lebensbild des politischen Pädagogen, Volkskundlers und Widerstandskämpfers. 2 Bde. (=Sozialhistorische Untersuchungen zur Reformpädagogik und Erwachsenenbildung, Bd. 12 u. 13). Frankfurt/Main 1991.
5. Adolf Reichwein: Bemerkungen zu einer Selbstdarstellung (1933). In: LBD (wie Anm. 2), S. 253.
6. Ebd., S. 253f.
7. Hans Fallada: Damals bei uns daheim. Reinbek bei Hamburg 1978, S. 179f.
8. Winfried Mogge/Jürgen Reulecke: Hoher Meißner 1913. Der Erste Freideutsche Jugendtag in Dokumenten, Deutungen und Bildern. Köln 1988, S. 52.
9. Ernst Toller: Eine Jugend in Deutschland. Reinbek bei Hamburg 1980, S. 38f.
10. LBD (wie Anm. 2), S. 255.
11. Ignaz Wrobel [i.e. Kurt Tucholsky]: Preußische Studenten. In: Die Weltbühne, Jg. 15/1919, Nr. 20 vom 8. Mai 1919, S. 532-536; hier S. 534.
12. Albert Krebs: Neue Beiträge zur Biographie. Erinnerungen eines Weggenossen. In: Wilfried Huber/Albert Krebs (Hrsg.): Adolf Reichwein 1898-1944. Erinnerungen, Forschungen, Impulse. Paderborn/München/Wien/Zürich 1981, S. 17-43; hier S. 35.
13. LBD (wie Anm. 2), S. 38.
14. Zit. nach Krebs: Neue Beiträge (wie Anm. 12), S. 31.
15. Adolf Reichwein: Ferienarbeit in Bodenrod im Taunus. In: Ockershäuser Blätter (Marburg), Nr. 17/April 1921, S. 1.
16. Jürgen Henningsen: Der Hohenrodter Bund. Zur Erwachsenenbildung in der Weimarer Zeit. Heidelberg 1958, S. 102.
17. LBD (wie Anm. 2), S. 54f.
18. Ebd.
19. Die Wohlfahrtspflege im Deutschen Reiche. Berlin 1925, S. 198.
20. LBD (wie Anm. 2), S. 62.
21. Adolf Reichwein: Kartellierung. In: Werkland. N.F. von »Vivos voco« (Leipzig), Jg. 4/1924, Heft 2 (Sommer 1924), S. 180f.; hier S. 181.
22. LBD (wie Anm. 2), S. 65f.
23. Wilfried Huber: Adolf Reichwein - Pädagoge im Widerstand. Eine biographische Skizze. In: »Schafft eine lebendige Schule«: Adolf Reichwein (1898-1944). Dokumentation und Materialien einer Veranstaltung der GEW zum 40. Todestag von Adolf Reichwein in Bodenrod (Butzbach), Taunus. Heidelberg 1985, S. 126-144; hier S. 131.
24. LBD (wie Anm. 2), S. 72.
25. Wilhelm Flitner: Autobiographischer Rückblick. In: Ludwig J. Pongratz (Hrsg.): Pädagogik in Selbstdarstellungen. Bd. 2. Hamburg 1976, S. 146-197; hier S. 174f.
26. Adolf Reichwein: Herbstarbeit der Volkshochschule Jena. Jena 1925, S. 9.
27. LBD (wie Anm. 2), S. 256.
28. Reichwein: Herbstarbeit (wie Anm. 26), S. 8.
29. Vgl. ebd., S. 11.
30. Ebd.
31. Adolf Reichwein: Wo stehen wir? In: Blätter der Volkshochschule Jena, Jg. 2/1927-28, H. 1, S. 1-4; hier S. 2.
32. Reichwein: Herbstarbeit (wie Anm. 26), S. 5.
33. Ebd., S. 4.
34. Adolf Reichwein: Das mittelstädtische Heim. In: Volkshochschulblätter für Thüringen (Jena), Jg. 10/1928-29, H. 1, S. 4-10; hier S. 7f.
35. LBD (wie Anm. 2), S. 257f.
36. Ebd., S. 80.
37. Ebd., S. 258.
38. Ebd., S. 95.
39. Die vollständigen bibliographischen Angaben vgl. in: Ullrich Amlung: Adolf Reichwein 1898-1944. Eine Personalbibliographie. Marburg 1991.
40. Zit. n.: Krebs: Neue Beiträge (wie Anm. 12), S. 37f.
41. Von der Skandinavienreise existiert das Tagebuch eines Fahrtteilnehmers, das im letzten Jahr zusammen mit einer Auswahl von Fotos aus einem ebenfalls noch vorhandenen Fotoalbum von der Reise veröffentlicht worden ist. - Vgl.: Ullrich Amlung/Matthias Hoch/Kurt Meinl/Lutz Münzer (Hrsg.): »Wir sind jung, und die Welt ist schön«. Mit Adolf Reichwein durch Skandinavien - Tagebuch einer Volkshochschulreise 1928. Jena und Weimar 1993.
42. LBD (wie Anm. 2), S. 257f.
43. Ebd., S. 110f.
44. Martin Rang: Autobiographischer Rückblick. In: Ludwig J. Pongratz (Hrsg.): Pädagogik in Selbstdarstellungen. Bd. 2. Hamburg 1976, S. 250-277; hier S. 258.
45. Vgl. Rita Weber: Die Neuordnung der preußischen Volksschullehrerbildung in der Weimarer Republik. Köln/Wien 1984, S. 138f.

46 Adolf Reichwein: Pädagogische Akademien - Gefahr im Verzug. In: Sozialistische Monatshefte (Berlin), Jg. 37/1931, Bd. 74, S. 988-993; hier S. 989.
47 Huber: Adolf Reichwein (wie Anm. 23), S. 135.
48 Reichwein: Pädagogische Akademien (wie Anm.46), S. 990.
49 Grunsky-Peper, Konrad: Deutsche Volkskunde im Film. München 1978, S. 130.
50 Reichwein: Pädagogische Akademien (wie Anm.46), S. 990.
51 Ebd., S. 991.
52 Eva Detzner: Erinnerungen an Adolf Reichwein. [Originalmanuskript im Reichwein-Archiv, Universitätsbibliothek Marburg].
53 Susanne Suhr: Vorwort. In: LBD (wie Anm. 2), S. 5-11; hier S. 7f.
54 Gertrud Penner (geb. Koch): »Ich kenne Reichwein von meiner Studienzeit (...)«. [Originalmanuskript im Reichwein-Archiv, Universitätsbibliothek Marburg].
55 Fritz Borinski: Adolf Reichwein - sein Beitrag zur Arbeiterbildung und Erwachsenenbildung. In: Wilfried Huber/Albert Krebs (Hrsg.): Adolf Reichwein 1898-1944. Erinnerungen, Forschungen, Impulse. Paderborn u.a. 1981, S. 63-86; hier S. 76.
56 Sigmund Neumann: Die Parteien der Weimarer Republik. Stuttgart 1962, S. 32.
57 Brief vom 28.11.1931 an Ernst Robert Curtius. In: LBD (wie Anm. 2), S. 116.
58 Brandenburgisches Hauptstaatsarchiv Potsdam, Pr.Br.Rep. 2A, Regierung Potsdam, II Pers. R 250, Bl. 28 (Personalakte 'Adolf Reichwein'); im folgenden abgek.: BHP, Personalakte.
59 Vgl. Wolfgang Werth: Die Vermittlung von Theorie und Praxis an den preußischen Pädagogischen Akademien 1926-1933. (=Sozialhistorische Untersuchungen zur Reformpädagogik und Erwachsenenbildung, Bd. 5). Frankfurt/Main 1985, S. 85.
60 LBD (wie Anm. 2), S. 122.
61 Vgl. zur Tiefenseer Schulpädagogik v.a.: Ullrich Amlung: Adolf Reichweins Alternativschulmodell Tiefensee 1933-1939. Ein reformpädagogisches Gegenkonzept zum NS-Erziehungssystem. In: Ullrich Amlung/Dietmar Haubfleisch/Jörg-W. Link/Hanno Schmitt (Hrsg.): »Die alte Schule überwinden«. Reformpädagogische Versuchsschulen zwischen Kaiserreich und Nationalsozialismus. (=Sozialhistorische Untersuchungen zur Reformpädagogik und Erwachsenenbildung, Bd. 15). Frankfurt/Main 1993, S. 268-288.
62 Beide Schriften sind Anfang 1993 - in einem Band zusammengefaßt, durch textkritische Dokumentationen und ausführliche Kommentare und Interpretationen ergänzt - neu herausgegeben worden: Adolf Reichwein: Schaffendes Schulvolk/Film in der Schule. Die Tiefenseer Schulschriften - Kommentierte Neuausgabe. Hrsg. v. Wolfgang Klafki, Ullrich Amlung, Hans Christoph Berg, Heinrich Lenzen, Peter Meyer und Wilhelm Wittenbruch. Weinheim und Basel 1993. Im folgenden werden Seitenangaben von Zitaten aus diesem Band, soweit sie sich auf die beiden Reichwein-Texte beziehen, in Klammern in den fließenden Text gesetzt.
63 Adolf Reichwein: Schaffendes Schulvolk. In: Die deutsche Volksschule, Jg. 1/1939, S. 214-222; hier S. 222.
64 Karl Christoph Lingelbach: Adolf Reichweins Schulmodell Tiefensee. In: Demokratische Erziehung, Jg. 6/1980, S. 391-397; hier S. 392.
65 Klaus Fricke: Die Pädagogik Adolf Reichweins. Ihre systematische Grundlegung und praktische Verwirklichung als Sozialerziehung. Bern und Frankfurt 1974, S. 309.
66 Vgl. zum Folgenden: Hartmut Mitzlaff: Heimatkunde und Sachunterricht. Universität Dortmund: Diss. phil., 1985, S. 956. - Vgl. zur Unterrichtsmethode bei Reichwein u.a.: Wilhelm Wittenbruch/Peter Meyer: Vorhaben als 'Weg der Erziehung'. In: Adolf Reichwein: Schaffendes Schulvolk/Film in der Schule (wie Anm. 62), S. 338-356.
67 Von Reichwein entworfene Legende zu einem Photo von einem von den Kindern gebauten Modell einer Drahtseilbahn [Reichwein-Archiv, Universitätsbibliothek Marburg].
68 Unveröffentlichter Brief vom 13. Dezember 1934 an Harro Siegel [Reichwein-Archiv, Universitätsbibliothek Marburg].
69 BHP, Personalakte (wie Anm. 58), Bl. 76.
70 Zit. nach: James L[ewis] Henderson: Adolf Reichwein. Eine politisch-pädagogische Biographie. Herausgegeben von Helmut Lindemann. Stuttgart 1958, S. 135.
71 LBD (wie Anm. 2), S. 133.
72 Ebd., S. 126.
73 BHP, Personalakte (wie Anm. 58), Bl. 76f.
74 Ebd., Bl. 77.
75 Hans Bohnenkamp: Geleitwort zur Neuausgabe 1951. In: Adolf Reichwein: Schaffendes Schulvolk/Film in der Schule (wie Anm. 62), S. 21-24, hier S. 23.
76 Brandenburgisches Hauptstaatsarchiv Potsdam, Pr.Br.Rep. 2A, Regierung Potsdam, II OB Nr. 1686, Bll. 61, 62 und 64. (Sonderakten betreffend die Schule in Tiefensee).
77 LBD (wie Anm. 2), S. 126f.
78 Ebd., S. 146.
79 Vgl.: Adolf Reichwein: Deutsche Landschule. In: Frankfurter Zeitung vom 21. Januar 1934, S. 6.
80 Brandenburgisches Hauptstaatsarchiv Potsdam, Pr.Br.Rep. 2A, Regierung Potsdam, II OB Nr. 1690, Bll. 189f. (Sonderakten betreffend das Schulhaus und die Schulverwaltung zu Tiefensee).
81 Gerd Hohendorf: Adolf Reichwein (1898-1944). In: Antifaschistische Lehrer im Widerstandskampf. Berlin (DDR) 1967, S. 54-94; hier S. 83.
82 Adolf Reichwein: Schule und Museum. In: Deutsches Schulverwaltungs-Archiv, Bd. 38/1941, Heft 1/2, S. 3-12; hier S. 3.

[83] Konrad Hahm: Vorwort. In: Holz im deutschen Volkshandwerk. Zweite Schulausstellung des Staatlichen Museums für Deutsche Volkskunde. Berlin 1940, S. 3-4; hier S. 3.

[84] Ebd.

[85] Reichwein: Schule und Museum (wie Anm. 82), S. 3.

[86] Ebd., S. 4f.

[87] LBD (wie Anm. 2), S. 178.

[88] Klaus Fricke: Zur Museumspädagogik Adolf Reichweins. In: Adolf Reichwein: Museumspädagogische Schriften. Hrsg. vom Museum für deutsche Volkskunde Berlin. Berlin 1978, S. 29-40; hier S. 32.

[89] Adolf Reichwein: Schule und Handarbeit. In: Weben und Wirken. Begleitschrift zur dritten Schulausstellung des Staatlichen Museums für Deutsche Volkskunde. Berlin 1941, S. 118-136; hier S. 131f.

[90] Ebd., S. 119.

[91] Reichwein: Schule und Museum (wie Anm. 82), S. 3-12.

[92] Ebd., S. 4.

[93] Ebd.

[94] Ebd., S. 5.

[95] Ebd., S. 4.

[96] Ebd., S. 6f.

[97] Ebd., S. 6.

[98] Adolf Reichwein: Vom Schauen zum Gestalten. In: Ton und Töpfer. Begleitschrift zur ersten Schulausstellung des Staatlichen Museums für Deutsche Volkskunde. Berlin 1939, S. 35-37; hier S. 35f.

[99] Wilfried Huber: Museumspädagogik und Widerstand 1939-1944. Zum bildungspolitischen Aspekt im Leben Adolf Reichweins. In: Wilfried Huber/Albert Krebs (Hrsg.): Adolf Reichwein 1898-1944. Erinnerungen, Forschungen, Impulse. Paderborn/München/Wien/Zürich 1981, S. 303-377; hier S. 317.

[100] LBD (wie Anm. 2), S. 157f.

[101] Fricke: Zur Museumspädagogik Adolf Reichweins (wie Anm.88), S. 32.

[102] Reichwein: Schule und Handarbeit (wie Anm. 89), S. 128.

[103] LBD (wie Anm. 2), S. 231.

[104] Huber: Museumspädagogik und Widerstand (wie Anm. 99), S. 316.

[105] Wilhelm Ernst Winterhager: Der Kreisauer Kreis. Porträt einer Widerstandsgruppe. Begleitband zu einer Ausstellung der Stiftung Preußischer Kulturbesitz. Berlin 1985, S. VII.

[106] Wilhelm Ernst Winterhager: Politischer Weitblick und moralische Konsequenz. Der Kreisauer Kreis in seiner Bedeutung für die deutsche Zeitgeschichte. In: Geschichte in Wissenschaft und Unterricht, Jg. 7/1987, S. 402-417; hier S. 408.

[107] Die Grundsatzerklärung vom 27. Mai 1942 ist abgedruckt bei Ger van Roon: Neuordnung im Widerstand: Der Kreisauer Kreis innerhalb der deutschen Widerstandsbewegung. München 1967, S. 542-544.

[108] Die im folgenden in Klammern gesetzten Ziffern beziehen sich auf die Seitenzahl eines Exemplars, das sich in Kopie im Reichwein-Archiv, Universitätsbibliothek Marburg, befindet.

[109] Huber: Museumspädagogik und Widerstand (wie Anm. 99), S. 352.

[110] Die Grundsatzerklärung vom 9. August 1943 ist ebenfalls abgedruckt bei Ger van Roon: Neuordnung im Widerstand (wie Anm. 107), S. 561-567.

[111] Huber: Museumspädagogik und Widerstand (wie Anm. 99), S. 355.

[112] LBD (wie Anm. 2), S. 203.

[113] Briefkartenfragment vom Februar 1944 im Reichwein-Archiv, Universitätsbibliothek Marburg.

[114] Karl Dietrich Bracher: Auf dem Weg zum 20. Juli 1944. In: Richard Löwenthal/Patrik von zur Mühlen (Hrsg.): Widerstand und Verweigerung in Deutschland 1933 bis 1945. Berlin/Bonn 1984, S. 143-172; hier S. 159.

[115] LBD (wie Anm. 2), S. 232.

[116] Ich beziehe mich bei der Rekonstruktion des konspirativen Gesprächs auf folgende Quellen: Anklageschrift des Oberreichsanwalts beim Volksgerichtshof vom 9. August 1944 gegen Ferdinand Thomas, Rudolf Schmid, Adolf Reichwein und Julius Leber (ehemals: Institut für Marxismus-Leninismus, Zentrales Parteiarchiv der SED in Berlin, Aktenbestand: NJ 1583, Bll. 1-6); des weiteren beziehe ich mich auf die Darstellung von Rudolf Schmid: Die Ereignisse des 22. Juni 1944. In: Telegraf (Berlin) vom 4.1.1947; vgl. auch Peter Hoffmann: Widerstand - Staatsstreich - Attentat. Der Kampf der Opposition gegen Hitler. München (4. Aufl.) 1985, S.447f.

[117] Gustav Dahrendorf: Adolf Reichwein. In: Ders.: Der Mensch, das Maß aller Dinge. Reden und Schriften zur deutschen Politik 1945-1954. Herausgegeben von Ralf Dahrendorf. Hamburg 1955, S. 81-85; hier S. 83f.

[118] LBD (wie Anm. 2), S. 249.

[119] Die mit * versehenen Titel sind heute wieder leicht zugänglich in folgendem Sammelband: Adolf Reichwein. Ausgewählte Pädagogische Schriften. Besorgt von Herbert E. Ruppert und Horst E. Wittig. Paderborn: Schöningh, 1978.

Über den Autor

Dr. Ullrich Amlung, geb 1955, Diplom-Pädagoge und Volkskundler. Leiter des Adolf-Reichwein-Archivs in Marburg, Wissenschaftlicher Mitarbeiter am Institut für Allgemeine Erziehungswissenschaft an der technischen Universität Dresden. Konzeption und Organisation von Ausstellungen, zuletzt: Kinderspiel und Kinderarbeit – Puppen aus Sonneberg im Thüringer Wald (Katalog Marburg 1992) und »Leben – ist immer ein Anfang!« Erwin Piscator 1893-1966 – Der Regisseur des politischen Theaters (Katalog: Marburg 1993). Zahlreiche Veröffentlichungen zur Sozialgeschichte der Kindheit, Reform- und Museumspädagogik, u.a.: Adolf Reichwein 1898-1944. Ein Lebensbild des politischen Pädagogen, Volkskundlers und Widerstandskämpfers. 2 Bde. Frankfurt/Main 1991

Bildnachweis

Alle Bilder Reichwein-Archiv, Marburg, außer:
Seite 22: Thüringisches Hauptstaatsarchiv Weimar, Thüringisches Volksbildungsministerium C 661, Bl. 3.
Seite 24: Zentralarchiv der Jenoptik GmbH Jena
Karten: Lutz Münzer, Marburg

Ditmar Gatzmaga/Rainer Hesels/Reinhold Sippel (Hrsg.)
...lebensART.
Lichtbilder und Texte aus Nordrhein-Westfalen

Eine Veröffentlichung der Hans-Böckler-Stiftung
176 Seiten, Schwarz-Weiß-Fotoband, fest geb., 24x22 cm, ISBN 3-924800-19-7, DM 38,00

Die Fotografien von Reinhold Sippel zeigen Aspekte von Leben und Arbeiten in Nordrhein-Westfalen. Anders als in vielen Bilddokumentationen zu diesem Bundesland werden nicht die "Sehenswürdigkeiten", sondern die Menschen in den Mittelpunkt gestellt.

Schüren

Luxus Arbeit

"Meine Mutter war auch nur eine Frau"

Eine Bild-Text-Dokumentation mit Fotos von Christiane Eisler und Silke Geister und Texten von Herma Ebinger und Ulrike Klemann

144 Seiten, Klappbroschur, ca. 100 s/w-Fotos, 24x22 cm, ISBN 3-89472-051-4, DM 28,00

Fotos und Texte dokumentieren, wie Frauen mit dem Umbruch in der ehemaligen DDR zu Hause und an ihrem Arbeitsplatz fertig werden. Die Fotos ergänzen sich mit den Texten zu einer eindringlichen Momentaufnahme einer Gesellschaft im Wandel.

"Eine hochpolitische Ergänzung von Frauenliteratur und ein packender Einblick in die Psyche von Neu-Arbeitslosen im 'Anschlußgebiet' gleichermaßen."
ekz-Informationsdienst

МОСКВА MOSKAU 1993

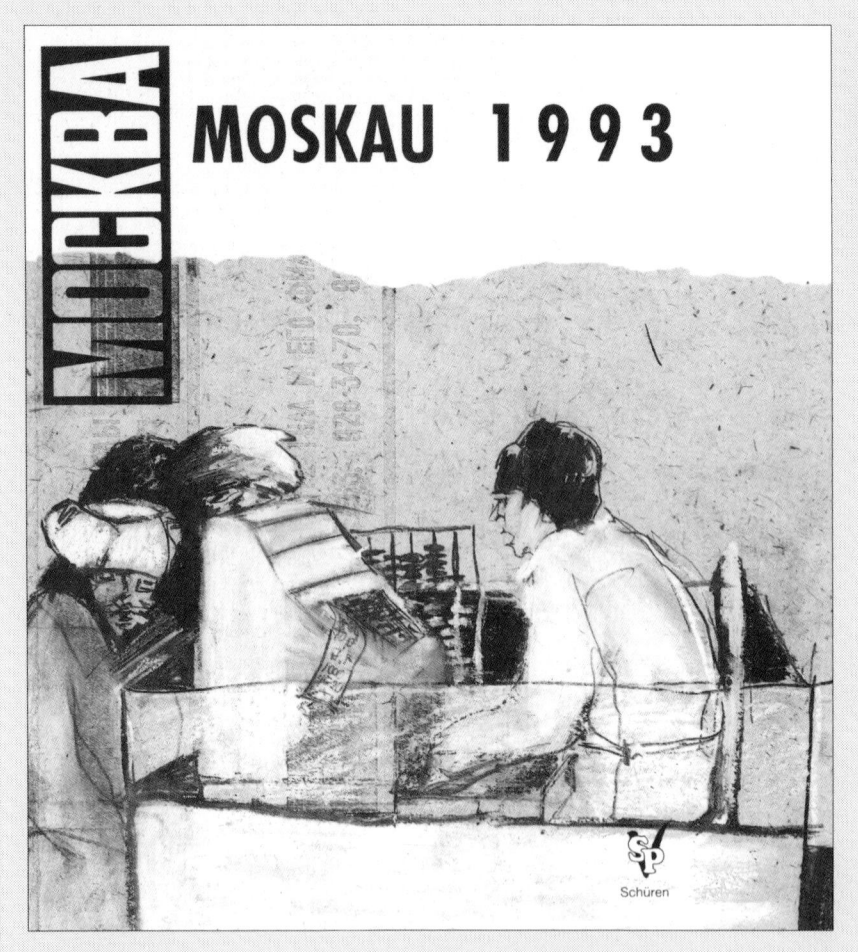

Birgit Hölmer
Moskau 1993
180 Seiten, 80 s/w Fotos sowie 40 Skizzen und Zeichnungen
DM 20,- (ÖS 156/SFr 21,20)
ISBN 3-89472-057-3

Fotographien und Zeichnungen dokumentieren feinfühlig Brüche und Verwerfungen einer Gesellschaft im Wandel. Sie zeigen, daß neben der Trauer um Verlorengegangenes Platz ist für neue Über-Lebensfreude

SCHÜREN

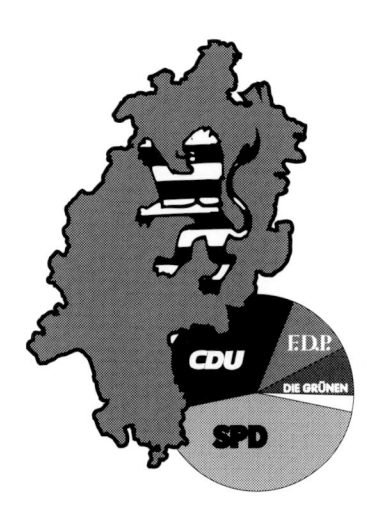

Dirk Berg-Schlosser/Thomas Noetzel (Hrsg.)
Parteien und Wahlen in Hessen 1946-1993

300 Seiten, fest gebunden, DM 48,- (ÖS 375/SFr 49,40)
ISBN 3-89472-087-5

Dieses Handbuch ist die erste umfassende und wissenschaftlich fundierte Darstellung der hessischen Parteien und Wählergemeinschaften. Das Buch wird über Jahre hinweg als Standardwerk genutzt werden können. Die Verfasser sind ausgewiesene Fachleute aus Wissenschaft und Verwaltung.

SCHÜREN

Theo Schiller/Thomas von Winter (Hrsg.)
Politische Kultur im nördlichen Hessen

260 Seiten, DM 28,- (ÖS 219/SFr 29,30)
ISBN 3-89472-085-9

Ein breites interdisziplinäres Spektrum von Autoren aus Geschichte, Geographie, Europäische Ethnologie, Politikwissenschaft und Soziologie hat sich zusammengefunden, um erstmals Traditionen und Entwicklungen der "subjektiven" Dimension der Politik im nördlichen Hessen zu präsentieren.

SCHÜREN

Carsten Tessmer (Hrsg.)
Kein Recht auf Menschenrecht?

Menschenrechte und internationale Politik

120 Seiten, Pb., DM 16,- (ÖS 125/SFr 17,-)
ISBN 3-89472-099-9

Nach der Auflösung des Ost-West-Konfliktes scheint das Zeitalter einer neuen Barbarei hinaufzuziehen und die Menschenrechtspolitik zum Spielball der Großmachtsinteressen zu werden.
Die Beiträge dieses Bandes zeigen auf, welchen Weg es für eine aktive Menschenrechtspolitik gibt.

SCHÜREN

Hortense Hörburger
Europäische Union - was nun?

Wegweiser für Europäerinnen und Europäer

128 Seiten, Pb., DM 16,- (ÖS 125/SFr 17,-)
ISBN 3-89472-102-2

Keine Jubelbroschüre und kein Buch für Spezialisten - dieses Büchlein zeigt, daß Anspruch und Wirklichkeit in der EU noch auseinanderklaffen, daß der Prozeß der Einigung mühselig, aber notwendig ist.

SCHÜREN

Rainer Fromm
Am rechten Rand
Lexikon des Rechtsradikalismus

2. aktualisierte Auflage
250 Seiten, mit vielen Abb., DM 28,- (ÖS219/SFr 29,30)
ISBN 3-89472-104-9

"Am rechten Rand" stellt die verschiedenen "Spielarten" der Rechten dar und bietet einen fast kompletten Überblick über die Organisationen der alten und neuen Rechten.

"Als Nachschlagewerk unverzichtbar"
Die Zeit

SCHÜREN

Rainer Fromm/ Barbara Kernbach
... und morgen die ganze Welt?
Rechtsextreme Publizistik in Westeuropa

340 Seiten, Pb., viele, zum Teil vierfarbige Abbildungen, DM 38,- (ÖS 297/SFr 39,20), ISBN 3-89472-105-7

Barbara Kernbach und Rainer Fromm haben ihre Recherchen auf die rechtsextreme Presse in Europa ausgedehnt. Es handelt sich um die erste Arbeit, die systematisch rechte Publikationen in Europa darstellt.

Schwerpunkte: Rechte Wahlparteien • Mitgliederstarke Parteien • Militante Neonazis • Skinheads • Esoterik • Revisionismus • Neue Rechte.

SCHÜREN